Dios y la verdad escrita en números

# Dios y la verdad escrita en números
## Numerología y cábala

Mahalaet R+

www.librosenred.com

Dirección General: Marcelo Perazolo
Diseño de cubierta: Daniela Ferrán
Diagramación de interiores: Guillermo W. Alegre

Está prohibida la reproducción total o parcial de este libro, su tratamiento informático, la transmisión de cualquier forma o de cualquier medio, ya sea electrónico, mecánico, por fotocopia, registro u otros métodos, sin el permiso previo escrito de los titulares del Copyright.

Primera edición en español - Impresión bajo demanda

© LibrosEnRed, 2011
Una marca registrada de Amertown International S.A.

ISBN: 978-1-59754-718-5

Para encargar más copias de este libro o conocer otros libros de esta colección visite www.librosenred.com

*Agradezco a mis guías superiores por la oportunidad que me brindan de servir a las Jerarquías de la Luz. También va un agradecimiento muy especial a Odette Fallas Monge quien me colaboró en los procesos de revisión de la obra y quien puso su empeño en que ésta fuese una realidad. Al cabo también la felicito porque se ha convertido en una excelente numeróloga.*

# Esta obra se divide en dos partes, a saber:

## I parte

### Procesos iniciáticos con los números:

Es un estudio profundo acerca de los números y la razón por la cual poseen poder. Muy útil para aquel que busque los procesos de la iniciación espiritual. Esta sección está cargada de misterios iniciáticos, simbología, mitología y todas las herramientas de las que me he valido para explicar los misterios que conducen al reino de la Luz de Dios.

## II parte

### El método numerológico:

Lo he recibido directamente de los planos superiores hace algunos años y ahora lo doy a conocer a mi público lector.

Es un método especial con el que puedes comprender tu naturaleza personal, las ajenas y el devenir de tu vida mental guiada por la influencia de los números. También te enseñará a conocer la energía que poseen las cosas cuando están rotuladas con la energía vibracional de los números.

# I Parte

# Procesos iniciáticos con los números

## Introducción

Para comprender que los números son más que cifras, es necesario estudiar la naturaleza del número en su estrecha relación con tres universos diferentes: el físico, el mental y el espiritual.

El universo mental y, asimismo, el espiritual son de naturaleza etérea en tanto el universo visible, el físico, es precisamente este mundo tridimensional en el cual nos desenvolvemos de manera más o menos consciente.

Pero al tratar acerca del número en la dimensión física, es necesario valorar los esfuerzos de nuestros antiguos científicos como de los modernos por entregar a nuestra actual sociedad una ciencia tan precisa y concreta como lo es la matemática, que mide y calcula. Gracias a ella, el hombre responde a todas sus inquietudes y resuelve todo aquello que está al margen de sus necesidades cotidianas.

No viene al caso citar las distintas y fascinantes ramas de la matemática, como tampoco a sus innumerables e interesantes contribuyentes. Un enorme agradecimiento por su labor bastará y será consecuente con sus logros.

Esta obra se dedicará a tratar la naturaleza etérea del número, la esencia sutil e imperceptible desde donde puede visionarse otro tipo de energía presente en el Universo.

Abordaré el tema de los números y su relación con los planos Mental y Espiritual.

Para el caso, lo primero que debemos considerar es que el número es capaz de medir al infinito en su esencia, pues como ÉL, también el número es ilimitado. Es fácil comprender al número y al universo de un modo comparativo, así entenderemos que estos dos traen consigo una estrecha relación energética.

Los antiguos sabios y los científicos modernos coinciden en abordar la idea de que la energía del Universo presenta particularidades que nos invitan a estudiarla.

Al ir un poco más allá, nos encontramos con los teóricos cabalistas, quienes nos avisan que el universo o Dios es un todo organizado que opera a través de su energía angélica, y que esta es abordable haciendo uso de caracteres y símbolos como también con energía de los números. Todos estos se comportan como entidades conscientes.

A este saber acerca de la energía divina del Universo lo han dado a conocer con el nombre de Cábala.

La Cábala no constituye una filosofía más, o un modo de pensar, en realidad conforma todo un estudio interesante y profundo acerca del modo en el cual se expresa la Luz divina universal y la forma en que los sabios entran en contacto con esta Luz, haciendo uso de sus símbolos y valores especiales.

Ahora es fácil comprender que, más allá de la expresión material del número, sea de vital importancia conocer y abordar sus potencialidades etéreas.

Este saber nos conduce a la magia sagrada del Universo, la que puede descubrirnos un océano inmenso de posibilidades con la oportunidad de conocer mejor a Dios y su infinita y maravillosa creación.

En algunas obras, sus autores han afirmado con claridad que el universo es mental. Sin debatir esta teoría, debo exponer que además de ser mental es plenamente consciente y espiritual. A mí me gusta escuchar todas las opiniones. Cada mente tiene algo importante que decir, y en este momento quiero abrir un espacio para el escéptico, puesto que yo también, en muchos casos, lo soy.

Es claro que al hablar de numerología una inquietud ronde la mente del más avisado, y esta consiste en la siguiente pregunta: ¿cómo puede funcionar la numerología en un mundo donde se consideran y usan diferentes calendarios?

Es fácil entender que esta inquietud puede pormenorizar todo intento de estudiar el tema de la numerología, sin embargo, por mucho tiempo tuve esta pregunta en mi memoria y, después de una larga espera, obtuve una respuesta clara y convincente.

Expresar que el universo es mental nos permite tener en claro que la energía mental del ser humano se comporta como una continua emanación de fuerzas deambulantes a las que llamamos pensamientos. Estos crean cúmulos energéticos de masa mental desde donde se enlazan las energías mentales de las personas.

Cuando piensas en amor, por ejemplo, tu cable mental se conecta con la energía mental que existe en el espacio creada por los humanos en relación a esa energía. Si piensas en odio, te conectas con la energía de odio presente en el espacio mental. Asimismo si piensas en triunfo, estarás conectado con los triunfadores; si piensas en soledad, te conectarás con los solitarios. Todos estos son espacios que parecen naturales, pero que en el éter poseen un considerable poder.

Las distintas culturas crean en su espacio poderosas fuentes de energía mental, alimentadas por la estricta actividad sobre esta. Una de estas potencialidades en el plano mental del individuo radica precisamente en ese conteo diario y consecutivo de los días, organizado de manera coherente en los calendarios.

Los distintos calendarios presentes en el planeta están estrechamente relacionados con el plano mental de las personas que los utilizan, sobre ellos crean un éter vibratorio que los alimenta de energía mental y les proporcionan vida etérea. Esa energía se relaciona con todas las actividades mentales de ese espacio etéreo.

De este modo nos es fácil comprender que la numerología como tal dependa estrictamente del plano mental en el cual se desenvuelve un individuo y la cultura que este desarrolla a su alrededor. Por tanto, toda valoración que se le ha dado al número en las distintas culturas resulta considerablemente importante y merece un estudio respetuoso del tema.

Acorde con lo explicado, me es fácil responder a la pregunta: ¿para qué sirve la numerología?

La numerología se dedica a estudiar esos patrones del éter que envuelven a una sociedad en específico, la cual posee una concentración etérea creada por su propia energía mental.

En términos más comunes, la numerología puede avisarnos el modo en que ese plano mental se comporta en un momento determinado para una persona determinada y, más simple aun, la numerología nos muestra cómo se mueve el universo de algo, de alguna situación o de alguien en los tres estados del tiempo: pasado, presente y futuro, en el momento en que se desee consultar.

Hasta ahora me he referido al número desde la observación de la energía mental. También enuncié, en el inicio de esta obra, que el número se estudia en el universo físico con la matemática, en el universo mental con la numerología y en el plano espiritual con la Cábala numérica.

Al estudiar el número desde la visión espiritual, debo decir que la sabiduría Divina ha reservado los misterios sagrados de la realización espiritual tras metáforas numéricas que guardan consigo una sabiduría milenaria: la sabiduría que lleva al hombre a la liberación de su ser espiritual.

Pero ¿qué sentido tendría para el hombre esconder algo a manera de clave dentro de algo tan conocido como los números? ¿Por qué se esconde? ¿Qué intención posee este camuflaje sagrado?

El espíritu del hombre es una chispa divina de Dios y comparte la existencia en el planeta con distintas criaturas nativas de la evolución terrestre, mas este no es en realidad su sitio, sino que se encuentra aprisionado dentro de un vehículo material de la evolución animal, y allí vive prisionero dentro de las condiciones que conlleva la estadía en este mundo de materia.

Resulta complicado entender que en este globo, desde hace mucho, se vienen desarrollando demasiadas fuerzas desde los mundos etéreos, perjudiciales en su totalidad para la esencia espiritual y divina que lleva el hombre dentro de sí. Un terrorífico plan con intereses devastadores para esa luz.

La masa humana no solo desconoce en esencia su papel en esta evolución material, sino que tampoco es capaz de hacerse la simple pregunta del sentido de la vida. ¿Qué sentido tiene para los hombres nacer y sostenerse en un mundo competitivo para después morir? Realmente la respuesta a esta pregunta resulta inconforme para el oído humano, pues en realidad no es idea de Dios envolver al hombre en la experiencia de la carne.

Sin embargo, en el amor universal de las Jerarquías de la Luz, las fuerzas de la voluntad divina se empeñan en ayudar a los hombres a liberar su espíritu de la evolución material del planeta. Mientras otras fuerzas de perversas intenciones conspiran para esclavizar a los hombres en una cárcel amable y dulce llamada humanidad.[1]

---

[1] Tema explicado ampliamente en mi obra: *El Yo y la destrucción de demonios.*

Pero es importante considerar que el anestesiado espíritu del hombre, opaco por el accionar y la búsqueda de intereses de la mente humana, desconoce de sí mismo las potencialidades que oculta como energía divina de Dios, a causa de encontrarse preso de la carne.

A la vista de las Jerarquías de la Luz, es necesario mantener los velos que le ocultan su propia naturaleza, debido a que el hombre vulgar irrespeta y utiliza todo cuanto existe a su paso para someter a los demás. Por esta razón, los conocimientos que descubren el poder superior del hombre se encuentran escondidos tras profundos misterios que debe desentrañarlos quien desea la libertad.

Por tales razones, es aprovechable el hecho de que la misma mente humana mantenga enceguecida la voluntad divina del sí mismo, pues si haciendo uso de la mente hace daños considerablemente perjudiciales, ¿qué podríamos esperar si llegase a conocer acerca de las potencialidades internas que posee su espíritu?

Pero para los buscadores de su propia realización, las Jerarquías de la Luz, a través de sus servidores a lo largo del tiempo, se ingenian los distintos métodos de modo que por medio de ellos la masa humana posea en su cotidianidad las claves y el conocimiento que descubren los misterios de esta realización espiritual. Es el camino que lleva al hombre a la libertad de su ser y a existir conscientemente en el mundo del espíritu.

Los números son uno de estos métodos ingeniosos al alcance de todos, que esconden tras de sí una ciencia superior que es la ciencia de la tan prometida "Salvación".

A esto se refieren los estudios profundos de la Cábala numérica, así como las metáforas escritas y relacionadas con el número, que abundan en el libro de la sociedad occidental por excelencia: la Biblia.

Jesús en el evangelio nos narra en lenguaje metafórico claves y misterios tras una oculta numerología cabalística. En el

Apocalipsis nos encontramos que Juan evangelista hace los mismos aportes a la sabiduría fiel. Los textos como Números y Deuteronomio, analizados desde el estudio cabalístico del número, resultan de un interés increíble y descubren la verdadera intención de las Jerarquías de la Luz: "Que el hombre alcance por sus méritos el propósito sagrado de ser libre de la involución material y conduzca su atribulado espíritu hacia el *Reino de los Cielos,* donde el espíritu del hombre es esencia libre de Dios en el cosmos".

La numerología espiritual tiene las claves y revela los misterios que liberan al espíritu humano del mundo de la forma.

Esta introducción me permite anunciar que a lo largo de la obra abarcaré la esencia mental del número, mas la esencia misma de este libro se halla en la numerología espiritual, puesto que los propósitos por los cuales escribo radican en mi servicio a las Jerarquías de la Luz, contribuyendo a la comprensión de los textos sagrados de todos los tiempos.

Trataré entonces el número desde estos dos ángulos, relacionándolo con símbolos y misterios que ayudarán a desentrañar lo que oculta el Universo de los números en su esencia etérea.

La relación material del número la dejo al uso de los matemáticos, aunque tras ella se guarde la mecánica celeste que aún no se descubre.

# Influencias de los números

El éter cósmico universal es como un océano donde naufragan demasiadas fuerzas. Sin embargo, deseo corregir esta frase diciendo que el universo está formado por un inmenso número de energías vibratorias.

Es simple notarlo en nuestros tiempos modernos, basta pensar en las telecomunicaciones, ondas de radio, televisión, celular, inalámbricos, ondas supersónicas y más, las cuales nos avisan que, aunque no las veamos, en el aire no solo deambula el componente atmosférico que conocemos por oxígeno.

Pero lo menos conocido, y que además es materia de este estudio, es la vibración etérea que presentan nuestros vehículos fluídicos: los cuerpos etéreos que vibran dentro y fuera de nuestro cuerpo material y que en esencia son más representativos de la realidad del ser.

Me refiero a los siete vehículos energéticos del ser humano que se estudian en la esencia de las grandes religiones. Dado que este tema lo trato en otras de mis obras, aquí lo presentaré de un modo conciso para que se comprenda mejor lo que pretendo narrar sobre los números en su relación con estos vehículos sutiles.

Estos cuerpos fluídicos son:

**El cuerpo físico**: el templo en que vivimos.
**El cuerpo vital**: el que nos lleva a respirar.

**El cuerpo Astral**: nuestro doble etéreo, el que vemos en los sueños. Es el vehículo emocional.

**El cuerpo mental**: el que nos incita a pensar y vive de pleno ocupándose de este mundo material.

*El mental superior*: ese mismo que nos invita a la religiosidad y que aspira a regresar a un mundo más justo y noble en conjunto con el Alma y el Espíritu.

**El alma**: es el femenino de nuestro ser y la polaridad femenina del espíritu.

**El espíritu**: Dios en nosotros, constantemente recluido por la acción del mundo mental, esclavo del mundo de la materia. Es esta la divina esencia que llevamos dentro.

En el Éter cósmico existen demasiadas energías y los estudiosos de lo místico nos empeñamos en descubrir siempre lo que influencia de uno y otro modo el ejercicio de estos siete vehículos.

Gracias a los estudios de los hombres de antaño es que conocemos el accionar de diferentes fuerzas que influyen sobre estos vehículos sutiles. Una de ellas son las llamadas por los hindúes *Tatwas*. Estas son energías vibratorias del Éter cósmico, las cuales influencian considerablemente la actividad **del cuerpo vital**. De estas dependen muchos de los estados de la suerte y la salud humana. Para que puedas entender mejor el tema de los *Tatwas* te remito a la obra *El Tatwametro y las vibraciones del Éter*, del Dr. Krumm Heller.

El cuerpo Astral es influenciado por los astros, de allí deriva su nombre. Este vehículo fluídico es conducido por hilos invisibles tras la influencia de los movimientos planetarios, determinando en este el cúmulo de manifestaciones que bien sabemos interpretar los astrólogos. Es en este vehículo donde se guardan todas las emociones, como también en el alma.

El cuerpo mental. Vimos antes que la mente de los hombres forma continuamente condensaciones mentales o campos específicos de energía mental, a estas se les ha dado el nombre de "egrégoras".

Las egrégoras son fuertes masificaciones del pensamiento humano. Existen egrégoras religiosas, socialistas, políticas, humanitarias, sexuales y más.

Actúan como grandes emisoras de radio, basta con sintonizar el pensamiento en una de ellas y ya estamos en ese campo egregórico. "Dime con quién andas y te diré quién eres". Los números son también condensaciones mentales o egrégoras que afectan el campo vibratorio mental del ser humano en el transcurso de su vida. La ciencia de estudio para este particular desenvolvimiento de la energía mental es la numerología.

**El espíritu**, por su parte, está íntimamente relacionado con el poder de las letras y los símbolos, es algo que tiene incidencia en su característica celestial. No olvidemos que el espíritu pertenece a los reinos de la luz y allí el símbolo es poder, por tanto el símbolo es sagrado.[2]

Es muy simple comprender la razón por la cual entre todas las especies que habitan este planeta, solo nosotros podemos comunicarnos a través del lenguaje, las letras, los iconos, los pensamientos y los gestos. Esto deriva de nuestra condición espiritual.

Los ángeles no solo tienen nombres, sino que además poseen glifos. Estos son sellos sagrados por medio de los cuales los magos blancos los invocan y se santifican en sus presencias.

Todas estas influencias energéticas somatizan en el cuerpo físico y se manifiestan en la profunda sabiduría con la que Dios nos creó.

La información es el eje principal de la era moderna. Sin embargo, esta misma consideración la ha tenido por siempre

---

[2] El modo de construir talismanes personales con símbolos, números y letras que solo sirven a quien lo fabrica y que ejercen un poder en los distintos vehículos, lo doy a conocer en mi obra *Bereschit, el libro de cábala de Mahalaet*.

la Divinidad que nos creó, pues nos ha dotado de modos de energía etérea, los cuales se expresan de distintas maneras en nuestro cuerpo. Es el caso de las líneas de las manos, de las plantas de los pies y de la frente. También encontramos esto al estudiar el lenguaje corporal, pues este se refiere a las posiciones inconscientes que adoptamos.

Todo ello tiene el propósito de ser una fuente de información proveniente de nuestro ser superior hacia este plano material.

Esta es la forma en que nos enteramos de todos estos influjos que invaden al ser, ya sea en la mente, en el astral por los astros, en el vital con los *Tatwas*, en el físico por los biorritmos, en el espiritual por los símbolos y en el alma con las emociones. Lastimosamente nos negamos a entender estos SOS que nos envía nuestra divinidad, porque la masa de preconceptos y erróneos juicios se interponen entre esta información divina y nosotros.

También vale anotar que es nuestro espíritu quien puede reconocer tales influencias, conducirlas y transformarlas por acción de su voluntad3 en estados de conciencia. Cuando somos ciegos de espíritu, que es nuestro estado natural, totalmente dominados por el mundo de la mente, estas influencias nos conducen por el sendero que ellas determinan. De tal modo nos dirigen las emanaciones astrológicas, las numerológicas, las tátwicas, las cabalísticas y toda aquella que actúe bajo aquel velo oculto que llamamos destino y del que casi siempre deseamos averiguar más.

**El alma**, por otra parte, víctima de estas direcciones que la llevan de un lado para otro, se envuelve en los procesos de la vida interactuando con otros seres de forma positiva o de forma negativa, creando por consiguiente Dharma o Kharma según la acción realizada. Dharma como una recompensa

---

[3] Explicado con amplitud en mi obra *Los tres soles y la sabiduría fiel.*

creada por un buen acto, Kharma como una retribución alcanzada a causa de haber realizado un mal acto.

Este es el barco del destino y las influencias del Éter nos conducen de aquí para allá en el ancho mar de la vida.

Ahora que hemos tratado el tema de la influencia de las distintas energías en el ser humano, es necesario entender a través de la numerología cuándo ocurren accidentes en el desarrollo de estos siete vehículos.

Dentro de los temas herméticos, se habla de la formación y desarrollo de los siete cuerpos que antes he descrito. Se dice que cada siete años evoluciona uno de ellos en particular. Para ver de algún modo cómo se desenvuelve en esencia este septenario, es necesario entrar a un tema al que llamaré "Ciclos".

# Ciclos

Los ciclos son etapas de la vida en las que ocurren normalmente transformaciones especiales en la energía. Existen ciclos de 7 y 9 años. Los de 7 años están relacionados con etapas de cambio y transformación, y son ocasionados por la energía de Urano. El ciclo de 9 años lo veremos más adelante, también estará presente en el método numerológico. Por el momento solo puedo adelantar que está en relación con la vida del espíritu.

Los ciclos de 7 años desarrollan uno a uno los vehículos desde el físico hasta el espiritual.

Se dice entonces que en los primeros siete años de nuestra vida desarrollamos el crecimiento del vehículo físico, aun cuando este siga creciendo hasta los 21 años, pero allí se establecen las bases del crecimiento y es fácil calcular si la persona será alta o baja tras un análisis del crecimiento de sus huesos.

Durante los segundos siete años, de los 7 a los 14, se desarrolla el cuerpo vital, donde los *Tatwas* ejercen una poderosa acción que determina el carácter del individuo. Aquí se expresa con mayor prontitud el *Tatwa* personal que acompañó en el instante del nacimiento. En consecuencia, la cavidad torácica se torna un poco más madura.

En el tercer periodo se desarrolla el vehículo astral, de los 14 a los 21 años, y en este notamos el desarrollo de la vida emocional que se encuentra en su efervescencia, donde los fluidos astrales de Venus hacen presa del corazón humano.

En el cuarto periodo se desarrolla el horizonte mental, el devenir de la mente.

Desde que empezamos a tener una identidad mental en la infancia somos influenciados por los números. Esta influencia es más arraigada en la edad en que se desarrolla este plano para nosotros, y esto ocurre de los 21 a los 28 años, época en la que visionamos y comenzamos a pincelar nuestra actividad en el mundo humano. Es el periodo en que nos preguntamos qué queremos ser en la vida y nos proyectamos mentalmente tras ese objetivo. Sueños, metas y deseos acompañan nuestros anhelos por una mejor vida, colmada de comodidades por nuestro esfuerzo.

En el quinto periodo, que va de los 28 a los 35 años, se desarrolla el mental superior, por lo que las vagas ilusiones se ven más amparadas por la confianza que otorga la experiencia y los sueños son hechos con un razonamiento más coherente a la experiencia. Buenas ideas y buenos proyectos se viven para este periodo de la vida.

En el sexto periodo, de los 35 a los 42 años, se desarrolla el alma del ser, donde la nobleza y el buen juicio conducen al justo por el sendero de su bienestar personal y del ajeno. Sin embargo aquellos que ya traen un Kharma pesado en esta etapa acentúan su mal comportamiento.

El último periodo corresponde al desarrollo del espíritu, la búsqueda de la religiosidad. Esto ocurre de los 42 a los 49 años. Aquí se van aplacando los afanes de la vida y se empieza a comprender que existe un mundo más valioso que aquel en el que se vive. Es el tiempo en que el espíritu reclama su espacio.

Este concepto es fácil encontrarlo en otras obras. Por ahora lo ampliaré explicando que el ser humano vive a lo largo de su vida un ciclo, como una onda sinusoidal con la energía del desarrollo de estos siete vehículos. Este ciclo se divide en dos semiciclos: uno positivo de desarrollo y otro negativo de deterioro.

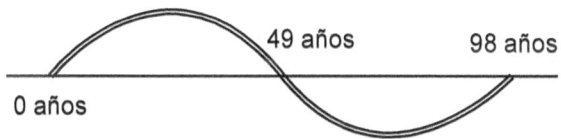

A partir de los 49 años, el ser humano se devuelve energéticamente sobre estos vehículos a la misma razón de 7 años para cada uno de ellos.

De los 49 a los 56 años, se encuentra de nuevo en el desarrollo de sus facultades espirituales, ya no como un despertar de esa energía, sino como una vivencia de esta. Allí se experimenta un acercamiento a Dios, a la energía Divina cualquiera que sea su creencia.

En el periodo de los 56 a los 63 años nuevamente se encuentra con las emociones y sentimientos amables de su alma. Es el tiempo en que se ven esos lindos abuelos que sienten complacencia con los retoños de sus hijos. Es un tiempo para ver la vida con amor y dulzura, con sentimientos nobles y cariño en general.

En el periodo de los 63 a los 70 años nuevamente el mental superior retorna a su energía. Se experimentan las grandes ideas, los grandes raciocinios, la verdad y su buen juicio, la genialidad, el deseo de conectarse con la energía Divina y la comprensión de tal energía.

Este periodo normalmente es diferente al vivido de 35 a 42 años, pues en tal ciclo nos encontramos formando la vida con las prisas de conseguir lo que necesitamos para nuestra comodidad. Tales prisas no permiten ver la vida con espíritu contemplativo y no se percibe que existe algo más. Es común invertir esta energía en cosas relacionadas con la adquisición de logros. Para la segunda etapa, que es de los 63 a los 70 años, ya hemos alcanzado las metas de la vida, y al tener un espacio para el descanso, es posible encontrarse con el perfecto aprovechamiento de esa energía consciente del mental superior, la cual nos invita a pensar en lo divino.

Vale anotar que los tres vehículos superiores, el Mental superior, el alma y el espíritu, considerando que sus energías son particularmente cósmicas, Divinas por así decirlo, no están sometidas al desarrollo de la materia y no dependen del cuerpo físico, ni del vital, ni del astral para su exposición en la vida. Mas como expresé antes, están supeditados a los aprisionamientos de estos.

Esto que acabo de expresar me permite explicar que los cuatro vehículos dependientes de la forma sí dependen del accionar de la materia. Veamos cómo:

El cuerpo vital es quien alimenta el funcionamiento del cuerpo físico, el cuerpo físico por este funcionamiento crea el cuerpo astral y el elemental de estos cuerpos, que es la mente, depende de que estos tres se encuentren en buen estado para su buen funcionamiento. La mente requiere del impulso sanguíneo y del accionar nervioso para poder exponerse en este mundo de la materia. Esta es la gran diferencia con los otros tres vehículos superiores.

Es por tal razón que a partir de aquí, de los 70 años en adelante, veremos a los vehículos de la forma (físico, vital, astral y mental) deteriorarse por una de las obvias condiciones naturales de la materia: el envejecimiento.

Es en el periodo de los 70 a los 77 años cuando le corresponde el turno al mental inferior, al pensamiento racional humano, que en este caso se encuentra con las neuronas desgastadas, débiles en su formación mielítica, saturadas de conocimientos, cargadas de prejuicios y, en la mayoría de los casos, poco cuidadas. Es común ver en esta edad algunas alteraciones en la memoria, las incoherencias de los ancianos y las lagunas mentales. Es de vital importancia para tal época ejercitar la mente mediante juegos lógicos, mecánicas del pensamiento, técnicas de memoria y una buena alimentación. Todo lo que se encuentre al alcance de la mano, como un valioso medio de recuperación cerebral, resulta valioso en esta época en que el ser humano siente el apagar de las facultades mentales.

Luego viene el periodo comprendido entre los 77 a los 84 años. Le corresponde el turno a la energía del cuerpo astral. Este es el vehículo estrechamente relacionado con la salud física y emocional. Las energías emocionales de la vida se cargan en la esencia de este vehículo vibratorio. Las enfermedades a cualquier edad no son más que condensaciones energéticas de alguna emoción reprimida o de alguna influencia planetaria actuando sobre algún órgano. Todas estas son energías que actúan directamente sobre el vehículo astral.

Con este concepto comprenderemos que es a esta edad donde se manifiestan esas emociones no solucionadas y que se encuentran cargadas en el cuerpo astral proyectándose sobre el cuerpo físico, el que ya se encuentra energéticamente débil y agotado.

Es muy natural que allí surjan las enfermedades destructivas. La más común es el cáncer, una enfermedad completamente creada por un factor emocional no resuelto, que tiene un clic energético con las herencias familiares. Este es el periodo donde se hace necesario liberar al ser de los odios, resentimientos, frustraciones y castraciones emocionales. Sin embargo, es más provechoso si se logra antes de entrar en este periodo de la vida. Es altamente recomendable el ejercicio físico, acompañado de la terapia respiratoria. El yoga o la gimnasia son un elemento valioso para este periodo de la vida, acompañado de una buena nutrición.

De los 84 a los 91 años, vuelve en su orden el ciclo relacionado con la energía del cuerpo vital. Los pulmones entonces requieren una mayor atención en este periodo, concretamente es necesario atender la buena respiración y la perfecta oxigenación sanguínea. Es el periodo en que el cuerpo se agota considerablemente por falta de una buena oxigenación. Muchos se quedan en este deterioro agotando las posibilidades de la existencia. Pero si previamente se lleva una disciplina como las antes mencionadas, es posible pasar por este periodo de la vida con un poco más de acierto y confianza.

El periodo de los 91 a los 98 años vuelve a corresponder al cuerpo físico. Las células son en este caso el punto de atención de esta energía. Solo el ejercicio moderado y el venir bien de los anteriores periodos pueden llevar a un ser humano a conquistar la energía de su cuerpo evitando el deterioro de esta etapa.

A partir de aquí nos vamos a encontrar con esas cosas extrañas que nos inquietan y que nos es difícil comprender. Resulta que después de cerrar un ciclo completo de vida se vuelve a accionar un nuevo ciclo.

Es precisamente a los 98 años que se experimenta un renacimiento.

De los 98 a los 105 años el ser humano siente como un nuevo hálito de vida, se encuentra con un sorpresivo rejuvenecimiento porque de nuevo se da inicio a un periodo de re-formación del cuerpo físico.

Luego de los 105 hasta los 112 años se re-fortalece el cuerpo vital.

De los 112 a los 119 años de nuevo entonces el astral.

Y continúa el conteo si la cuerda da para más.

Llegar allí con una buena condición física puede permitir una nueva etapa de vida, aunque suene altamente extraño.

Estos ciclos biológicos resultarán de interés al investigador creativo, pues es valioso comprender la naturaleza en la que somos creados y sus especiales cualidades.

Para comprender aún mejor el tema de los ciclos de 7 años, a manera de resumen presento la siguiente gráfica:

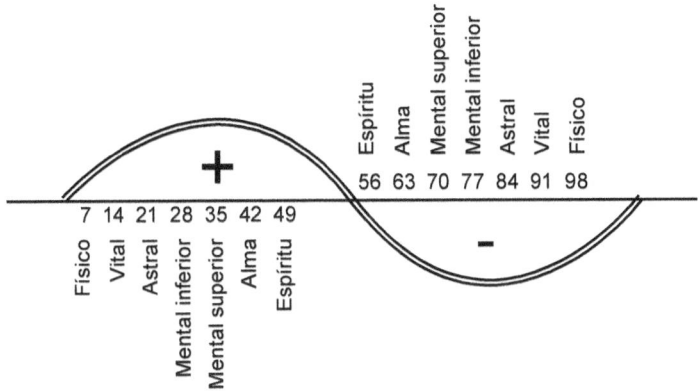

## El ciclo de 9 años

Este es un ciclo especial que se da gracias a las propiedades del número 9.

Una de las propiedades especiales que posee este número en particular es que en la cábala numérica respeta la energía de cualquier otro número.

Para citar un ejemplo: $9 + 3 = 12$, donde $1 + 2 = 3$

Esta particularidad, que veremos en detalle más adelante, hace que cada nueve años la energía sea muy similar a la que se presenta en otro momento de la vida.

Un ejemplo de ello es que debe haber algo en las circunstancias actuales que se parece a lo que vivías nueve años atrás, no con exactitud, pero sí con alguna similitud.

Los números son una luz en el sendero para comprender mejor esa influencia etérea sobre estos vehículos en las distintas épocas. Con esto te invito a ver en los números la energía que te dice por dónde te conduce tu mente y a estar atento hacia dónde se dirige tu barco por el ancho mar de la vida.

Los números, por consiguiente, son los modificadores de nuestro mundo mental, el viento que lleva nuestra mente por senderos predecibles mediante los distintos métodos numerológicos.

# Los números

En la numerología es importante comprender que no se hará uso de todos los números, solamente es necesario prestar atención a dos sistemas de numeración que se relacionan con dos cuentas simples:
La primera, la Cábala que va desde el número 0 hasta el número 10.
La segunda la determina la Cábala que va desde el número 0 hasta el número 22.
Para esto es necesario conocer las diferencias existentes entre estos dos conjuntos numéricos.

La numerología que se basa en los estudios del número 0 al número 10, los cuales son todos números raíz, toma su poder de la Cábala y de las formas de las figuras de los números. Este sistema trae consigo una estrecha relación con el Árbol de la Vida de la Cábala hebraica.

Los números que van del 0 al 22 están estrechamente relacionados con los arcanos mayores del tarot y sus interpretaciones están ligadas a este. Para comprender esto es necesario saber que los misteriosos arcanos ocultan tras ellos secretos y significados, puesto que guardan el tema más especial del desarrollo espiritual. Ellos develan la llave que otorga la libertad del espíritu del mundo de la materia. Me refiero esencialmente al proceso sagrado de la **alquimia**.

Esta ciencia mágica y sagrada por excelencia guarda los procesos de la realización interna, máximo logro del hombre común en sus aspiraciones espirituales, y versa acerca de una metáfora que indica la utilización de su propio plomo y la conversión de este mismo en oro espiritual. Ahora que ya terminó la edad media, la época inquisitiva, la podemos definir como la transformación de las sustancias sexuales del ser humano en Luz etérea de su ser. A esto lo llamamos la alquimia interna.

Los 22 arcanos mayores definen esencialmente a este mágico proceso, que es la llave de la libertad, y como fieles guardianes de la sabiduría son portadores de gran poder.

Esta obra tendrá en su seno el resguardo de estos misterios, pero también la intención es llevar este mensaje a todo aquel a quien corresponda y a todo aquel que tenga ojos para ver y oídos para oír. Mi intención aquí es acercar al hombre actual al conocimiento de la esencia de los números y a los misterios que estos entrañan.

Es tiempo de entrar en materia, para ello aclaro que iniciaré este viaje describiendo los números raíz, aquellos que van del 0 al 10, y luego nos sumergiremos en la relación de los números del 0 al 22.

## Los números raíz

Nuestro sistema numérico es de origen árabe. Los números arábigos llevan en sus figuras una sabiduría implícita desde su creación, sus formas no son aleatorias y a lo largo de la obra nos daremos cuenta de tal evento.

### El número cero

0

Su figura es de hecho muy particular. ¿Qué pudo inducir a los antiguos a dar tal figura a este número? ¿Esconderá de algún modo un simbolismo en su forma?

Comencemos por analizar su estructura. Es un óvalo que encierra todo, pero que a la vez no tiene nada dentro. Es de alguna manera el todo y la nada. Algo así como el principio y el fin, semejante a lo que significa el Alpha y el Omega, como primera y última letra del alfabeto griego, letras que más tarde fueron convertidas en imágenes simbólicas adoptadas por la cultura judeocristiana.

Meditando un poco en su estructura, observamos que no es un círculo, aunque ambos, círculo y óvalo, guardan una estrecha relación en su simbolismo. Tiene precisamente la forma de un huevo y viene a representar exactamente a nuestro huevo áurico, la envoltura vibratoria y energética de nuestra materia física, a la cual se le atribuye el nombre de aura o campo bio-electro-magnético.

## *El todo y la nada*

Los antiguos dieron esta descripción esotérica a nuestro ser espiritual, Dios en nosotros. No somos esta forma material más o menos bella, somos en esencia hechos a imagen y semejanza de Dios o lo Dios universal. Somos seres etéreos del Universo dentro de alguna jerarquía y a la vez también presos del mundo de la materia. Somos más intangibles que tangibles, más inmateriales que materiales, basta con observar nuestras emociones, nuestras ideas, pensamientos, sentimientos, sueños, frustraciones, vivencias, estados de ánimo y más. Todo esto que es la vida misma son manifestaciones de una energía sutil, no tangible, nadie puede asegurar que tomó de la mano una idea o que capturó un sueño y lo tiene guardado en una cajita de madera. Nuestro ser fluídico es totalmente etéreo, no es de este mundo, aunque se desenvuelve sobre él.

Todas estas condiciones que son esencia de nuestro Espíritu, nuestra Alma, nuestra mente, nuestro vehículo emocional o Astral, nuestro Ego, emanaciones del conjunto humano, no son más que expresiones de esa deidad invisible a nuestros ojos, pero total y completamente manifestada.

Es por esta causa que los antiguos vieron en este número y su figura la similitud que presenta con nuestro ser espiritual y la esencia sutil, invisible y totalmente perceptible de nuestro ser.

Y es que tener 0 cosas es tener nada, pero es real que la cantidad numérica existe, es un número que es del grupo de los números Reales, pero que representa la nada.

Pero ¿por qué llamarle la nada a lo imperceptible en nosotros?

Dios vibra en el vacío, es el todo en el Universo en sus distintas expresiones, pero es totalmente intangible. A Dios se lo siente, no se lo atrapa. Dios es el GRAN TODO. Dado que somos criaturas divinas de ese Gran Creador, somos esencia pura de su ser encarnadas en la evolución material del planeta Tierra. Por esto nuestro espíritu es la nada y el todo a la vez.

Desde la antigüedad, en épocas muy remotas, muchas de las culturas dieron al estado de la forma el simbolismo de la cruz. Es allí donde ambos vectores, el vertical y el horizontal, se encuentran simbolizando los dos principios básicos de la materia: el principio activo y el principio pasivo.[4]

La naturaleza de nuestro vehículo físico se encuentra simbolizada por la cruz, es el enlace perfecto entre lo masculino y lo femenino, entre lo positivo y lo negativo, fuerzas en actividad y en reposo.

En la antigüedad, los astrólogos les dieron a los planetas y sus fuerzas unos símbolos especiales que a lo largo del tiempo se han venido utilizando, y quizás han sido usados sin considerar el porqué de sus formas.

En efecto nuestro planeta se encuentra habitado por gran cantidad de criaturas tanto materializadas como intangibles o etéreas; entre ellas las plantas, animales y humanos en lo denso, y elementales en lo etéreo. Pero para describir de algún modo la vida en la Tierra por medio de un símbolo, los antiguos utilizaron un icono especial que describe nuestra condición humana. Veamos este símbolo a continuación:

---

[4] Explicado con amplitud en mi obra *En el aura de Dios*.

35

A menudo en astrología este símbolo es confundido con la carta 10 del tarot conocida como "la rueda de la fortuna", pero en realidad es otra cosa.

Este símbolo representa nuestra naturaleza terrestre, o sea la materia física envuelta por la luz etérea espiritual, la carne envuelta por la Divinidad, la representación de Dios en nosotros, o mejor, nosotros como dioses viviendo en la carne.

Los antiguos mayas dieron a la figura de este número un simbolismo similar con una línea horizontal que lo atraviesa.

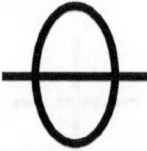

Estos dos símbolos, el astrológico y el cero maya, guardan una estrecha similitud en sus significados.

Analicemos ahora las diferencias existentes entre la materia y la luz del Espíritu Divino.

La materia obedece ciertamente al paso del tiempo, es esclava del proceso de la naturaleza: nacer, crecer, reproducirse y morir, todo ello en una estancia de tiempo determinada.

El ser Divino en nosotros es etéreo, no nace, no crece, no se reproduce, no muere, es inmortal, posee la libre elección de ejecutar su voluntad. Su libre albedrío le permite actuar y sus actos pueden conducirlo hacia la Luz o a la oscuridad.

Esta esencia divina es imperecedera, y a diferencia de la materia no es esclava del presente, basta con pensar en el pasado y allí estaremos, o con soñar con el futuro y hacia allá viaja nuestro ser Espiritual. Únicamente cuando estamos concentrados en algo se sincronizan espíritu y materia en tiempo y espacio. En la mayoría de las ocasiones estamos lejos del lugar y el momento en que el que nos encontramos físicamente, comúnmente estamos pensando en algo que no está participando con nosotros en ese instante.

En los mitos griegos encontramos esta energía simbolizada por el dios Urano. El mito nos relata sobre un dios creador pero independiente, libre y autónomo, dios del cielo y compañero de Gea, la Tierra.

Así es nuestro espíritu, es decir, así era antes de encontrarse preso de los procesos de la materia en este mundo tridimensional.

Entre Urano y Gea concibieron 7 hijos, más adelante veremos la importancia de este número como el compendio de nuestros vehículos y en la conexión con nuestro ser fluídico. Tres cíclopes (seres de un solo ojo), tres hecatonquiros (seres de 100 brazos y 50 pares de ojos) y un titán. Urano no gustaba de sus hijos deformes y por tal motivo los encerró en los confines de la Tierra. Su hijo Titán en tanto tuvo 12 hijos llamados los Titanes (6 titanes y 6 titánidas). Más adelante, uno de estos titanes llamado Cronos (el ambicioso dios del Tiempo), en conspiración con Gea, decide liberar a los cíclopes y hecatónquiros y para ello destrona a Urano. Es claro comprender de nuevo el simbolismo de nuestra naturaleza. Urano es nuestro aprisionado espíritu y Cronos representa la materia que lo captura.

Continuando con Urano, podemos analizar un comportamiento libre e independiente que vive en la vacuidad, al que no le importa nada del mundo material, no se preocupa de nada, nada lo ata, nada lo condiciona. Actúa tal como es característico en los aislados locos de nuestra sociedad.

Pues nada más acertado para describir el comportamiento de nuestro ser fluídico que simbolizarlo con un loco. Este personaje de nuestra sociedad es un ser libre y divorciado del mundo social y de sus compromisos con la materia. Es por esto que la carta cero del tarot está asociada con el mismo simbolismo, EL LOCO o arcano cero.

En los distintos tarots nos encontramos con diferentes dibujos relativos a este simbolismo. Sin embargo puede ser que alguno que otro diseñador de estas cartas, al no saber su significado oculto, lo haya tergiversado, perdiéndolo de su verdadera intención. Los tarots que conservan los misterios presentan en su mayoría un perro mordiendo la nalga de un vagabundo, como si el can lo quisiera atrapar de algún modo. Es interesante desde todo punto de vista considerar este perro como la materia física en la que habitamos y al LOCO, como la esencia pura y espiritual de nuestro ser.

El maestro Therión o Frater perdurabo dibuja al LOCO en su tarot como un bufón. Es posible ver allí una energía ondulante que circula y envuelve al corazón del Loco, como si fuese este la base de conexión con el cuerpo material.

Realmente el cero se conecta al uno o al Sol supremo de nuestro ser por medio del Corazón espiritual, tema tratado con amplitud en mi obra *Los tres soles y la sabiduría fiel*.

Ciertamente nuestro globo áurico se conecta inicialmente a nuestro microcosmos por medio del Gran Sol espiritual, ubicado en nuestro plexo solar o, como lo llamó mi maestro Huiracocha: "el cerebro de emociones".

Esta conexión fue simbolizada por insignes ocultistas en la edad media mediante el dibujo alegórico del cisne que alimenta los siete polluelos. También fue representado por la Luz que enciende las siete lámparas atribuidas a los siete chacras, base de toda iniciación espiritual. En la Biblia podemos ver este principio al inicio del Apocalipsis como *El Alpha y la Omega, el principio y el fin*, la energía que enciende el candelabro de las siete lámparas.

La conexión entre el cero y el uno podemos encontrarla además en el éter cósmico con nuestro Sol en el sistema solar, una vez más cumpliéndose el antiguo adagio hermético: *Sicut est superius, est inferius* (como es arriba es abajo).

Debo decirles a los estudiantes de la magia rúnica que aquí radica la clave de las cruces esvástica y sauvástica, la estrógira y dextrógira respectivamente y el poder mágico que ambas encierran.[5]

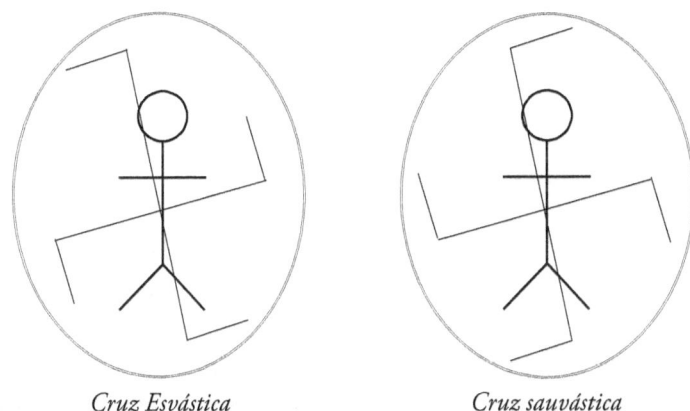

*Cruz Esvástica*     *Cruz sauvástica*

Como vemos, el número cero no es simplemente una figura aleatoria, es un símbolo y posee un valor que entraña misterios importantes para quien desee buscar más allá del mundo de la materia.

La interpretación mántica de este número esencialmente otorga su valor numérico en el plano mental de acuerdo con la naturaleza de su significado. Recordemos que los números son una energía vibratoria que actúa en tres diferentes planos de acción. Ahora nos conviene interpretar los efectos de sus energías para el plano mental.

---

[5] Tratado en mi obra *Runas, el lenguaje de Luz*.

El arcano 0 y el 22 representan esencialmente la misma cifra o cantidad dentro de los análisis numerológicos. Pasemos ahora a conocer su importante significado.

### Interpretación mántica del número 0

El número 0 o 22 nos trae consigo la energía de Urano, el independiente, el que vive el aquí y el ahora. Relaciona al libre, al investigador, al aventurero, al viajero con libertad y sin rumbo definido, al divagante, al aislado y poco comprometido. En cierto modo inspira la irresponsabilidad. También interpreta al explorador y las exploraciones, la investigación científica, la búsqueda de información y la invención. El número 22 guarda una estrecha relación con su número raíz, el 4, y se relaciona además con el número 13.

Los viajes inesperados como también los largos viajes son interpretados dentro de la energía de este número. Una combinación del 22 con el número 9 ratifica aún más este asunto.

Como resultado de una consulta hace alusión a la toma de decisiones no meditadas, emergencias, soluciones inmediatas y asuntos inesperados.

### El número uno

# 1

Ha llegado la hora de conectar al LOCO con el MAGO.

Comencemos por analizar la estructura del número y la importancia que esta representa.

Es una figura vertical, por ende de tipo solar o masculino. En algunos iconos presenta una pequeña barra en su extremo inferior (1), esta es una modificación arbitraria al sentido original del número.

En la parte superior de su figura se pueden enlazar dos puntos que se ven conectados por una barra que no es horizontal, sino que es algo inclinada. El dibujo del número en sí relaciona 3 puntos y dos líneas, la vertical y la diagonal. De ahí surge el poder de esta figura y el misterio que la misma encierra.

Observemos con detenimiento estos tres puntos.

Comencemos por analizar lo relacionado con el punto inferior, luego entraremos al estudio de los dos puntos superiores.

Los antiguos sabios dieron un especial significado al símbolo del Sol. Si le pidiéramos a un niño que nos haga un dibujo que simbolice al astro Rey, este nos dibujaría algo similar a esto:

Es extraño que los sabios no hayan tomado un dibujo como este, sino que dedicaron su esfuerzo a la siguiente figura:

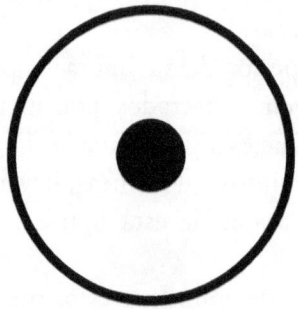

Extraño, ¿verdad?

¿Qué pudo inspirar a un sabio de la antigüedad a inclinarse por este símbolo en lugar de usar aquel que es más natural? ¿Sabría algo de las manchas solares?

De nuevo, *Sicut est superius est inferius*.

Los antiguos siempre sostuvieron que el hombre es una repetición a escala del Universo, y una más del sistema solar.

Si bien hemos convenido que el LOCO, o número cero, simboliza nuestro huevo áurico, en esta ocasión representado por la circunferencia, ¿entonces qué significado tendría ese punto en el centro?

Ese punto hace alusión a la magnificencia del *Gran Sol Central* de nuestro Micro universo-hombre.

Este Gran Sol es el MAGO o arcano uno de todo tarot. Es el artífice de nuestro ser, es Dios en nosotros y los más grandes secretos del ser humano residen allí. Todo esto lo trato en forma detallada en mi obra antes mencionada: *Los tres soles y la sabiduría fiel*.

Ahora podemos entender que el sabio que dibujó el símbolo del Sol quiso referirse esencialmente a esa conexión de la Luz espiritual de nuestro Logos áurico con nuestro Sol central, el Gran Sol espiritual.

Una vez que ya sabemos lo que simboliza el punto inferior del número 1, pasemos a analizar los otros dos puntos que se encuentran en la parte superior del número.

Si observamos bien, allí tenemos dos puntos a distinto nivel, es decir, uno más alto que el otro pero a la vez cercanos.

Resulta interesante saber cómo los antiguos se acercaron al conocimiento de grandes principios dentro de la anatomía humana.

Mis teorías al respecto abarcan dos puntos de vista aislados, pero de algún modo relacionados.

El primero de ellos es que su conexión con las Jerarquías de la Luz en lo invisible les permitió saber mucho más acerca de la naturaleza del hombre. Esto ocurre cuando se es apoyado por las Fuerzas Superiores de la Luz, en sueños o estados profundos de meditación, o quizá como una herencia milenaria que recibieron de sus ancestros, quienes de algún modo conocieron estos misterios y los transmitieron de generación en generación.

El segundo punto de vista está relacionado con las teorías acerca de la existencia de civilizaciones muy avanzadas ya sucumbidas en el planeta debido a pasadas transformaciones en el globo terráqueo. Los sobrevivientes repoblaron el planeta guardando consigo los misterios iniciáticos de la transformación de la Luz interna que lleva el hombre dentro de sí.

Como quiera que haya sido, no estuvimos en ese momento.

Lo importante es resaltar que la ciencia hermética, de alguna forma, conoce y ha conocido siempre acerca de la profunda anatomía interna con mucha anterioridad al hombre de ciencia actual, a quien se le agradece y valora lo que bien ha descubierto.

La sabiduría hermética ha sido transmitida en forma de misterio o conocimiento sagrado a lo largo del tiempo.

La base y la seguridad con las que escribo son el principio básico de mi misión espiritual, la cual es poner al día tales misterios y ampararlos en la ciencia. Esto debe hacerse antes de que los futuros cambios y transformaciones que ocurrirán en la geografía del planeta destruyan el saber que hoy conocemos.

Hago esta importante aclaración para que se comprenda que ya desde antes se sabía acerca de estos dos puntos a los que he de referirme. Esta fue la intención del sabio árabe que la plasmó tras el dibujo del número 1.

Estos puntos son estrictamente dos importantes centros internos que solo pueden analizarse mediante el conocimiento íntimo del funcionamiento de las glándulas endocrinas, de las cuales conocieron los antiguos sabios alquimistas.

Como expresé en los párrafos anteriores, ¿ayuda del cielo? ¿Herencia de una civilización pasada? O ambos casos.

Muchos misterios hacen mención al accionar interno de las glándulas endocrinas ubicadas en la cabeza, la glándula pineal o epífisis y la glándula pituitaria o hipófisis, dos glándulas cercanas ligadas al hipotálamo. Entre ellos tenemos los misterios cristianos y allí la representación del pesebre donde una Virgen, no tocada por su esposo, concibe y da a Luz al hijo de Dios. Este es el momento en que la Luz toma forma material. En los misterios orientales tenemos esta misma alegoría entre Krishna y Radha. En los arcanos del tarot, la segunda carta se encuentra en representación de este misterio, tema que veremos más adelante. Ahora, observando con atención al número uno, podemos ver la conexión entre estos dos importantes puntos ubicados en el cielo de nuestro micro universo: la cabeza.

J. R. Tolkien, de un modo interesante, relacionó a la Comarca con el cerebro, repartiéndola en cuatro cuadernas, como en realidad se encuentra dividido nuestro cerebro: dos hemisferios conformados cada uno por cuatro lóbulos. Allí, Bilbo Baggins poseía en secreto un anillo mágico, el que alarga la vida y conduce a otros mundos, el mismo que había perdido Sauron de MOrdOr.

No siendo él quien cumpla esta labor, hereda el anillo a su sobrino FrOdO, quien empieza toda una travesía por llevar el anillo mágico a la montaña del destino, donde deberá ser destruido para que reinen de nuevo el orden y los días nuevos.

Del mismo modo, en los cuadros de Joprha Boschardt vemos que en la lámina de Aries existe la relación alegórica entre estos dos centros: adelante con el guerrero Marte, atrás con Venus con sus ojos vendados.

Buscando analogías en los mitos de las diferentes culturas, siempre encontraremos la relación existente entre estas dos importantes lámparas superiores de nuestro ser y su estrecha conexión, principio de muchos desarrollos espirituales en el ser.

Veamos una gráfica que nos concentre en esta realidad.

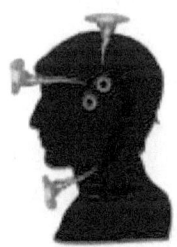

En mi obra acerca de las Runas sagradas[6], hago notar del mismo modo la intención de los antiguos sabios en esconder misterios de la ruta de recorrido que presenta la energía Crística en nosotros.

Ahora me corresponde hacer las mismas analogías en el tema de los números y lo que se esconde tras sus figuras y su valor. Hasta el momento hemos hecho mención de tres importantes centros.

---

[6] *Runas, el lenguaje de Luz.*

Los ocultistas estamos acostumbrados a que la línea vertical se relaciona con los símbolos fálicos, la representación de la corriente positiva solar, como también al eje positivo de la cruz, cualquiera que sea la cruz en estudio.

Ahora analicemos esta línea y la relación que posee con nuestro cuerpo.

Ida y Pingala, dos fuerzas importantes que los hindúes no pierden de vista en sus estudios y en las cuales se esconden profundos misterios relacionados con la respiración. Estas dos fuerzas están estrechamente relacionadas con la acción del décimo par nervioso llamado nervio vago o neumogástrico. Este par nervioso se escapa de los doce pares de nervios craneales para recorrer la cavidad torácica y alcanzar el abdomen. Alegóricamente el papel de Judas Iscariote en los misterios cristianos está relacionado con este par nervioso como aquel que abandona al grupo de los doce.

En Oriente, este décimo par recibe el nombre de Ida y Pingala. Es un elemento que presenta dos polos: el positivo masculino y el pasivo femenino. Ambos en su accionar antagónico se encargan de la contracción y dilatación de los músculos del corazón, de los procesos respiratorios y además tienen parte en la digestión, de ahí su nombre: Pneumo (Aire) - Gástrico (Gastro).

Estos gemelos son alegóricamente Pólux y Castor, los hermanos de la constelación de Géminis. A estos es importante estudiarlos profundamente.

Este par nervioso lo vemos formando plexos importantes dentro de nuestro organismo. El más importante de ellos ya lo mencioné anteriormente cuando tratamos acerca del simbolismo del Sol: el plexo solar.

Este nervio par conforma los plexos solar, cardiaco y laríngeo. Sus conexiones con el huevo astral son de vital importancia para los estudiantes del sendero oculto. En las obras del maestro Huiracocha puedes obtener una mayor comprensión sobre estos temas.

Con todo lo expresado hasta el momento tenemos que la conexión entre el Sol de los cielos y el Sol central está dada por este par nervioso. A esto se refiere el vertical de nuestro número uno.

Este hecho lo representaré mediante la siguiente gráfica:

Surge de inmediato una pregunta: ¿por qué querrían los antiguos ocultar algo que para la ciencia es tan natural? En la antigüedad, el hombre no pensó como piensa ahora. Dedicó su búsqueda interna a conocerse de la mejor manera y encontró poderosas fuerzas que lo llevaron a su realización interior en este centro de emociones conocido como plexo solar

Hoy la ciencia estudia estos asuntos desde una visión médica para la resolución de múltiples problemas relacionados con la salud.

Para los antiguos la realización espiritual fue siempre el motivo de su búsqueda, mas encontraron, en lo que hoy vemos como un nervio más, poderosas oportunidades que los comunicaron con el poder supremo del universo, con Dios. Por esta causa se convirtió en un misterio.

El hombre mundano quiere poder, un sentimiento con el que somete a sus congéneres. Ningún hombre es poderoso sin la ayuda de otros y para conquistar ese poder utiliza todos los medios que estén a su alcance para lograrlo.

Las Jerarquías de la Luz no desconocen esto, por ello ocultan a la masa humana poderosos secretos que pueden llevar al débil a comportarse mal.

Aquí se despierta un misterio conservado por milenios, la santa intención de quien dibujó con conciencia estos números y el poder que entrañan. Más adelante veremos sus facultades en la construcción de talismanes.

Los arcanos mayores de todo tarot involucran la imagen del Mago para referirse a este enigmático centro de poder. Hago conciencia en la figura de la carta anotando que el mago levanta su dedo índice hacia arriba, indicando que la energía va hacia arriba, hacia lo alto. La magia de este número radica en dibujarlo de abajo hacia arriba. En la parte baja del mago se encuentra la mesa de cuatro patas y allí los cuatro elementos representados mediante la pluma, la copa, el basto o vara mágica y la espada. Estos curiosamente son los mismos componentes de la baraja española de los gitanos. Estos cuatro elementos en la parte inferior de la figura del mago nos indican que abajo se localiza el laboratorio de estas cuatro fuerzas, como también que este enigmático centro actúa sobre la naturaleza humana.

Ahora, el real sentido de la gráfica del número 1:

Este número ha estado guardando tras su figura simbólica este principio espiritual y sagrado para Occidente.

En la sabiduría maya, este simbolismo se oculta entre los números uno y dos.

El número uno lo representaron con un punto; el número dos, con dos puntos. Aquí la conexión no es evidente.

Número uno en la numerología Maya

Número dos en la numerología Maya

La gráfica nos enseña esta relación que hemos venido tratando, ahora con los números mayas.

Este mismo caso lo tenemos en la numeración romana, donde el número 1 es representado mediante una vertical; y el número dos, con dos verticales (II).

Interpretación mántica del número uno

Este número tiene una estrecha relación con el arcano uno del tarot, el poder del mago.

La fortaleza y la iniciativa son principios activos consecuentes con este valor numérico. Es un número masculino.

Siempre que se trate del uno se tendrán inicios, nuevos comienzos, iniciativas, empresas de poder, fortaleza, destino favorable, iluminación, intuición, confianza en sí mismo y en lo que se emprenda, ayuda, servicio, bienestar. También se involucra con jefaturas, mando y acción.

Señala individuos con poder, determinación, acción y valentía, es propio de personas que creen en su ser interno sin vacilaciones.

Presenta relación directa con el número 10 y el número 19, por lo cual los regidos por estos últimos números presentan cierta conexión con el 1, con algunas notables diferencias que en lo venidero analizaremos.

El número uno es propio de profesiones de mando y servicio: militares, empresarios, jefes, supervisores y afines.

## El número dos

# 2

Una nueva figura que nos invita a pensar.

Siguiendo el orden de coherencias: ¿qué motivo pudo poseer el sabio que dibujó este número y qué puede significar esa curva en la parte superior de este?

Para determinar un poco el sentido de ello, comencemos por analizar lo que ocurre allí en la cabeza entre estas dos glándulas: la pineal y la pituitaria.

Utilicemos la herramienta científica para abrir la disertación acerca del valor y la importancia de este número.

Cualquiera que se valga de Internet puede hacer una investigación simple o profunda sobre el funcionamiento de estas dos glándulas ubicadas en la cabeza. De esta forma comprenderá la vital importancia que cumplen estas dos lámparas o luces superiores de nuestro ser.

La glándula pineal o epífisis secreta hormonas de vital importancia para nuestro organismo que tienen funciones como la pigmentación de nuestra piel, el reloj biológico que controla sueño-vigilia y ser parte del sistema de limpieza corporal al producir una hormona llamada melatonina, que es la encargada de la eliminación de radicales libres.

Lo anterior nos aclara un poco el papel fisiológico de esta glándula. Sin embargo, el poder etéreo de este centro nos enseña cosas realmente sorprendentes. Analicemos lo que los ocultistas vieron allí.

En las láminas de Joprha Boschardt es bueno observar en particular que la lámina de Aries presenta a Marte, el guerrero, portando una antorcha con la cual corre enloquecido, como si no supiera qué rumbo dar a ese fuego poderoso.

En esta misma lámina vemos al mago que, como dije antes, señala hacia arriba con su dedo índice derecho.

En el número 1 vimos la conexión entre el mago y la pineal representada en esta pintura.

Para las distintas culturas, inmersas seriamente en el conocimiento oculto del ser, la glándula pineal se comporta como un poderoso foco de conexión con el absoluto, la corriente cósmica que proviene de lo alto. Ahora podemos ver que funciona como una antena receptora de fuerzas cósmicas con la particularidad de comunicar nuestro Sol central con el macrocosmos. En tanto nuestro Sol se conecta con el Ser superior que llevamos dentro: nuestra aura.

La pineal se comporta como un Sol en lo superior, un centro de poder que presenta una función dual. Abre una puerta de conexión con el vehículo astral por donde fluye la energía del Universo y se comporta como un Sol que recibe las emanaciones lumínicas provenientes del Gran Sol Espiritual visto antes en el número 1. De este modo tenemos Sol y chacra al mismo tiempo. Este mismo fenómeno ocurre con el Sol de abajo que también tiene una función dual con principios útiles en el conocimiento relativo a la magia sexual. Sobre esto es necesario aprender para no perder el tiempo en fantasías.[7]

---

[7] Con mayor amplitud en mi obra *Los tres soles y la sabiduría fiel*.

Ahora veamos cómo los distintos sabios ocultistas de la antigüedad han involucrado a este centro de poder en sus relatos. Iniciemos con los misterios cristianos.

En los evangelios encontramos que José no es el Padre que engendró al ser Divino, al YO SOY, sino que toma el papel de padre putativo. Ahora es interesante comprender este misterio de la tradición cristiana.

**Jesús**, simbolizando la luz energética de nuestro propio Dios, proviene del Padre Solar que es nuestro Sol Central, el cual es la conexión con nuestro Logos Solar. A este lo recibe José (pineal) y lo irradia a su madre María (pituitaria), la que en breve trataremos. Es por esto que el *Espíritu Santo*, **el Espíritu** que en realidad es **Santo** y proviene de Dios, se encarga de la fecundación de María.

Este mismo misterio lo relaciona Tolkien, como dije antes, al atribuirle a Bilbo Baggins el poseer el anillo de poder y cederlo luego a su sobrino FrOdO en Bolsón cerrado.

En la lámina de Aries dibujada por Joprha encontramos una mujer con los ojos vendados, la cual porta una pequeña y apacible llama encendida. Esta llama proviene de la antorcha que porta el guerrero. Esta mujer es Venus y los ojos vendados están indicando que no conoce la verdadera esencia de esta Luz.

Nuestra glándula pineal o epífisis continuamente irradia la Luz que proviene del Sol Central, asimismo la que proviene de lo alto y se comporta como una poderosa estrella que ilumina todo lo que esté a su paso. Tal es el significado de la antorcha en la corona y la estrella en la frente del Baphometh Templario. Esta luminiscencia etérea la percibe su vecina glándula, la pituitaria o hipófisis, la cual se fertiliza con esta luz llegando a ser muy productiva. Ella genera el grupo de hormonas conscientes que luego comandarán muchas funciones dentro de nuestro organismo, convirtiéndose en la glándula madre del sistema glandular.

Resumiendo: la glándula pineal irradia el fuego de nuestro centro solar como un poderoso faro en el centro de la cabeza y la proyección de este fuego es capturada por la glándula pituitaria.

La glándula pineal dirige sus corrientes de modo vertical, la pituitaria lo hace de modo horizontal, proyectando su vórtice hacia delante. A este centro se lo conoce como el chacra frontal o tercer ojo. Así se forma nuevamente el simbolismo de la cruz en la cabeza y esto es base de otros misterios más profundos.

Esto que se consideró el misterio de la comunicación entre estos dos centros glandulares, lo relaciona directamente la carta dos del tarot o arcano número dos: **La sacerdotisa**.

Normalmente en los tarots encontramos una dama sentada en medio de dos columnas, la blanca enfrente y la negra a sus espaldas, quien lleva posado en su regazo el libro de la vida. Estas columnas son Jaquín y Borás de la mitología hebrea. Una blanca y la otra negra, lo que nos indica el juego de las dos polaridades: la positiva y la negativa.

En este mismo sentido surge la carta tres, **La emperatriz**, la cual muestra a la mujer preñada con el cetro en sus manos, como indicando hacia dónde irá su retoño.

El hecho de que María conciba representa este mismo misterio. El Espíritu Santo, quien representa la luz Divina Solar dentro de nosotros, preña la especial glándula pituitaria, llevándola a ser una bienaventurada que entrega hormonas conscientes de la luz de Dios dentro de nuestro Ser interno.

El Yo Soy, o la Luz de Dios, ahora se encuentra fecundo en la mujer santa y regirá los destinos del mundo, nuestro mundo interno.

El misterio de la concepción revela claramente esta relación estrecha entre estas dos lámparas poderosas. El estudio fisiológico de estas puede analizarse en cualquier libro de endocrinología o a través de Internet.

El número dos de los mayas, como vimos antes, así como el de los romanos, presenta esta misma condición que relaciona estos dos poderosos centros.

Continuemos con la forma arábiga del número dos.

Esa curva de la parte superior nos regresa al cerebro y la importancia que presenta el hipotálamo con estas dos glándulas.

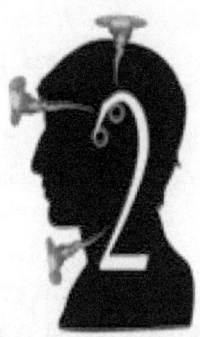

La horizontal en la parte inferior del número nos acerca a pensar en el cuello, donde existe la separación de la conciencia y la inconsciencia a lo cual los antiguos dieron el nombre de "Caos". Es allí donde el cielo y la Tierra se separan, entendiéndose el cielo por la cabeza y la Tierra por el resto del organismo.

Recordemos que las líneas horizontales revelan el principio femenino o pasivo visto desde los criterios del simbolismo esotérico.

La glándula pituitaria envía al cuello uno de sus productos hormonales, la TSH, hormona estimulante de la tiroides. Con esto vemos la conexión existente entre estos dos centros y esta es la primera estación de la energía sagrada o el Yo Soy espiritual.

Esa línea horizontal del número dos tiene por significado el arribo de la energía sagrada a la región del cuello, una vez que esa energía de la luz se convirtió en hormona en la glándula pituitaria.

Esta relación la presenta Tauro, la segunda lámina de Joprha. Una mujer monta sobre un majestuoso toro blanco, el cual posee una corona de rosas. Los mitos griegos narran esta historia que trata sobre uno de los escapados romances de Júpiter o Zeus, quien se convierte en un precioso animal para seducir a la hermosa doncella llamada Europa. Este hecho hace mención a esa energía que hemos visto en la lámina de Aries y que dijimos fue capturada por Venus. Ahora en Tauro la mujer está relacionada con Europa, quien se encuentra cautivando con esta Luz como indicándonos que allí, en el cuello, la energía femenina sí sabe qué hacer con esta luz. También encontramos allí a Marte o Ares, quien yace en el suelo. Esto significa que ha caído aquella vitalidad o potencia que estuvo mostrando antes en la cabeza, cuando tratamos acerca de la glándula pineal.

Todo esto guarda una relación similar con la Runa Ur, la segunda letra del mágico alfabeto rúnico sobre el que también expongo en otra obra.[8]

Tolkien describe el arribo de esta energía al cuello cuando relaciona el paso de los cuatro Hobbits por los túmulos. Allí encontramos que fueron salvados por Tom Bombadil y llevados a la presencia de su hermosa dama Baya de Oro, quien luce un especial atuendo color verde y un cinto dorado. Verde es el color de Venus para los conocimientos astrológicos.

Hemos abordado este misterio a través de varios mitos y relatos, por lo que ya resultará claro entender el conocimiento que hubo de tener el sabio que hizo la figura del número 2 y aquello que lo motivó a darle esa forma. Realmente podemos comprender que se encontró orientado por una sabiduría superior: la Sabiduría Divina.

Cuando lo expuesto es demasiado claro para todo buscador, me entrego a la interpretación mántica de este número que

---

8 Véase en mi obra *Runas, el lenguaje de Luz*.

siempre se relaciona con la energía femenina, las energías de Venus y la acción de esta sobre el cuello.

### Interpretación mántica del número dos

Es el número de la dualidad, la comparación, la divergencia y la dispersión.

Es el número de la observación y el análisis. Se relaciona también con la fertilidad, aun cuando el número de la concepción sea el tres.

Representa siempre fuerzas femeninas, mujeres en acción.

Al representar una glándula tan laboriosa, este número posee una relación estrecha con la producción, la elaboración y la obtención de bienes. Siempre está en concordancia con la siembra y la producción.

Los nativos número dos normalmente presentan las características anteriores, son buenos observadores y críticos, además buscan comparar todo para saber si tienen lo justo. También pueden ser algo calculadores. Sirven a bien en las finanzas e ingenierías como en métodos de producción.

También es un número maternal, relaciona la energía de una madre protectora y responsable.

Presentan afinidad a estas condiciones los nativos de los arcanos 11 y 20, dado que su número raíz es el 2.

### El número tres

# 3

Este es el número de la Triada, el poder del ternario.

El Padre putativo fecunda a la Madre virgen y surge el Divino niño. La Luz Divina fecunda la Materia y surge el Yo

Soy. El grupo de hormonas conscientes se desplaza hacia abajo en Luz, Materia y Energía.

Hemos traído esta energía ternaria hasta el cuello descrita con el número 2. Con el número tres entenderemos el nuevo curso de la energía divina. Para ello es menester seguir la forma del símbolo y analizar con atención la figura del número.

Antes de comenzar con la descripción, resulta estrictamente necesario hacer énfasis en un tema que debe ser clarificado dentro de estos estudios herméticos.

Debido a la diferencia racial, así como a las variaciones en el magnetismo terrestre, la fisiología astral del ser humano no es la misma en un lugar del planeta que en otro.

Estas circunstancias hacen que los centros de conexión entre el cuerpo físico y el vehículo astral no sean en todos los casos similares.

Estamos profundamente acostumbrados a recitar los chacras o vórtices de energía en sánscrito tal como se ven ordenados en la fisionomía oriental. Sin embargo, el desconocimiento nos lleva por senderos erróneos y es esta la causa por la que debo hacer esta aclaración.

De tal modo los chacras en el hombre presentan notables diferencias acordes con el continente donde haya nacido. Este es un tema que es importante evaluar para el trabajo en el desenvolvimiento interno del ser.

En la sabiduría de Oriente se nos enseña que la conexión con el vehículo sutil se encuentra relacionada con los plexos nerviosos. Todo lo relacionado al Kundalini y su influencia nerviosa se refiere a este hecho. Esto es debido al efecto que hace sobre sus cuerpos la naturaleza de su territorio.

Ya en Occidente observamos pueblos, como los árabes, egipcios, judíos y europeos, que presentan variaciones interesantes a este hecho. Nos encontramos entonces con la raza aria.

El rosacruz medieval Juan Jorge Guitchel, encontrándose fuera de su vehículo físico en una de sus experiencias astrales, hizo una importante observación que aun hoy confunde a todo aquel que ha leído algo sobre los vórtices energéticos o chacras.

Este hombre describe en su obra *Teosofía práctica* el modo en el que vio la distribución de los chacras en su propio organismo. Tal descripción muestra notables diferencias con las que provienen de la enseñanza oriental.

Guitchel hace mención a órganos y plexos que tienen una relación coherente con los estudios de la sabiduría de Occidente.

Veamos un cuadro comparativo de ambas posturas:

| Zona | Nombre en Oriente | En Oriente | En Occidente |
|---|---|---|---|
| Corona | Sahasrara | Pineal | Pineal |
| Frontal | Ajna | Pituitaria | Pituitaria |
| Cuello | Vishuda | Tiroides | Tiroides |
| Pecho | Anahata | Plexo cardiaco | Corazón |
| Diafragma | Manipura | Plexo solar | Plexo Solar |
| Abdomen | Svadisthana | Plexo esplénico | Bazo |
| Coxis | Mulhadara | Plexo coccígeo | Gónadas |

Como vemos, los destinos de enlace entre el vehículo astral y el cuerpo físico son diferentes.

Es fácil notar en esta tabla que para las personas de Occidente la conexión al pecho se da en el corazón, donde se forma este vórtice de energía. En los orientales este hecho se relaciona con el plexo cardiaco. También vemos diferencias en la zona del abdomen al relacionar el bazo en los unos y el plexo esplénico en los otros. Esto mismo ocurre con las gónadas y el chacra Mulhadara.

Estos son notables contrastes que no escapan a la vista de los más avisados.

Crowley, el maestro Therión, describe en la carta cero de su tarot, "El loco", la figura de una energía ondulante que sale de su corazón. Esto nos indica que de allí surge la conexión en el pecho del vehículo astral con este chacra. Lo mismo nos enseña la figura del óleo del Sagrado Corazón de Jesús dentro de los misterios cristianos, donde los destellos de la Luz salen de este órgano de vital importancia para el cuerpo.

En los misterios cristianos encontramos la Lanza que atraviesa el costado de nuestro señor Jesucristo durante la crucifixión haciendo brotar agua y sangre. Esto se relaciona con el bazo, lugar donde efectivamente encontramos agua (linfocitos y glóbulos blancos) y sangre (glóbulos rojos viejos). Para los misterios europeos el bazo representa un punto de conexión con el vehículo astral.

Ahora ocupémonos de nosotros, los seres del continente americano.

¿Nuestra fisionomía astral será entonces similar a las antes expuestas?

No debido a las mismas razones de raza y suelo que expliqué anteriormente.

Los misterios en relación al hombre americano se ahogaron con sus culturas casi desaparecidas.

Los grandes sacerdotes mayas, aztecas, muiscas, incas y otros, se llevaron consigo los misterios de este arte milagroso de retornar a Dios. Sus verdades ancestrales se encuentran, en muy pocos casos, tradicionalmente conservadas en algunos de sus chamanes.

Yo, Jolman Trujillo, conocido como Mahalaet, como servidor de la Luz, caminante de este sendero desde hace varias encarnaciones, tengo el compromiso y la misión de aclarar algunos misterios. Este es mi servicio al Padre de toda Paternidad. Con la autoridad que me reviste y bajo el auspicio de mis maestros guías, debo hacer énfasis en declarar que el encargo de despertar, aclarar y reordenar los misterios iniciáticos de América, desenterrarlos de su letargo y ser un depositario de estos, le fue otorgado por las Jerarquías Blancas al Dr. Heinrich Arnold Krumm Heller. El Dr. Krumm Heller fue conocido en los medios iniciáticos como el maestro Huiracocha, en la época en que Crowley cumplía misiones en Europa.

A ningún maestro le resulta favorable reunir masas humanas en su nombre, ya que ese no es el propósito de los seres de la Luz. Esto me permite aclarar que no pretendo capturar feligreses ingenuamente para conseguir el favor de algún maestro. Simplemente debo informar que aquel que busque una realización en suelos americanos debe remitirse a las prácticas y ejercicios espirituales de esta región del mundo.

A este insigne hombre, conocido como Huiracocha en la que fuera su encarnación, le correspondió averiguar sobre los misterios de este lado del planeta. Los conocimientos logrados a lo largo de su trabajo lo llevaron a desentrañar las prácticas, ejercicios espirituales y mantrams correspondientes a nuestra fisionomía occidental.

"A Dios lo que es de Dios, al César lo que es del César" Si alguno desea laborar con los misterios de Europa y del medio Oriente, o con los de Oriente, debe habitar ese suelo un tiempo considerable hasta lograr un cambio en su fisonomía astral. Este cambio se da en los ciclos de siete años. De otro modo, su realización espiritual solo se puede lograr mediante la aplicación práctica de los misterios iniciáticos correspondientes al suelo donde se encuentre. Como dije antes, el encargado de redescubrir y colocar en uso los misterios de América fue el maestro Huiracocha.

Si viajas en búsqueda de ello a Oriente, encontrarás coherencia en todo lo que estudies, ya que para ellos los gurúes abundan. Si buscas tu realización en Europa, te remito a Papus, Crowley y a todos los servidores que vivieron durante la Europa medieval. En Occidente abundan los misterios enriquecidos por una amplia simbología.

En América debes buscar el trabajo de Huiracocha para no perder lastimosamente el tiempo. Su legado tiene por origen el conocimiento iniciático de los antiguos nativos americanos.

Esta aclaración es importante, pues aun cuando aquí explique misterios que se refieren a los tres sistemas, es esencial conocer con cuál de estos se debe laborar si se desea labrar dentro de la piedra interna.

En el hombre del continente americano las cosas cambian considerablemente con relación a los otros. La conexión existente entre el vehículo astral y el cuerpo físico se da mediante el sistema glandular endocrino y eso debe tenerse en gran consideración.

El no tener claros estos conceptos de uno u otro modo ha creado una confusión tremenda en el buscador, al grado que ya no se habla solamente de siete chacras. De un modo irrisorio, al mezclar una cosa con la otra les ha dado por resultado un número confuso de chacras. Unos hablan de 9, otros de 10, hay quien asevera que son 8 y bueno, todo un salpicón útil para perder al que tenga que perderse.

Como diría Jesús: "Quien tenga ojos para ver que vea y quien tenga oídos para oír que oiga".

Los chacras o la conexión astral con el cuerpo físico en los habitantes de América se desarrollan del siguiente modo:

Pineal y pituitaria, comunes en todas las razas.
Dos en el cuello: glándula tiroides y glándula paratiroides.
La glándula timo.
De las glándulas suprarrenales surge otro.
De las gónadas y los ovarios el último.

El casarse con una filosofía resulta una pérdida de tiempo cuando no se es objetivo con lo que se busca. Lo anterior lo refiero para que no consideres que las Jerarquías buscan que seas rosacruz, templario o cátaro. Ya seas cristiano, musulmán o lo que prefieras, los misterios son un método de trabajo. Sea cual fuere tu filosofía o el respeto que brindes a algún maestro o guía, considera a bien que los misterios son prácticos y no interfieren con el amor filosófico que sientas por doctrina, maestro o pensamiento alguno.

Siguiendo con el tema de los números, entendemos que el dibujo del número tres hecho por un sabio árabe se ajusta a los misterios del medio Oriente y también a los europeos.

Todo lo anterior para explicar un hecho importante. El número tres se refiere entonces al descendimiento de esa energía Crística que es la esencia íntima y divina del *Yo Soy*. Esta hace su arribo al bazo pasando por el corazón y, mediante la vena espermática, desciende hasta las zonas sexuales. Esto fue aquello que se pretendió en los misterios para las personas de Oriente Medio y Europa a través del dibujo de este número.

Esto mismo ocurre en el dibujo de la runa Thor

Dios y la verdad escrita en números

Volviendo a la obra de Tolkien: *El Señor de los anillos*, el bazo está representado en primera instancia por La casa de Elrond en Rivendel, donde se reúne el concilio que decidirá la suerte del anillo. Para los misterios del suelo americano este lugar reside en la glándula timo. En la misma obra, el corazón se encuentra relacionado con el encuentro que tienen los Hobbits con Aragorn en el Pony Pisador.

En los misterios mayas fue simbolizado con tres puntos y de igual modo lo hacen los romanos al dibujar tres barras verticales. La diferencia entre la figura árabe y estos radica en que esta no describe componentes energéticos, sino su ruta.

Número tres en Maya

Número tres en Romano

**I I I**

Como vemos, el sabio árabe describió la ruta de la Luz interna dentro del hombre. Los romanos y mayas mostraron en este número los componentes de esta fuerza exponiendo que la materia es fecundada por la Luz.

Este número está íntimamente relacionado con el pensamiento humano.

Muchas fuerzas en el universo se presentan en Triadas. Las cargas atómicas en la electricidad son un ejemplo de ello.

El número tres está asociado con el tercer arcano del tarot, La emperatriz, la mujer preñada.

Mediante el número tres y su energía he tratado de dar a conocer que la materia se reviste de luz, ya dicho en otros términos conceptualizo que las hormonas se revisten de conciencia. Esto nos indica ciertamente un alumbramiento y es fácil entenderlo como la concepción que ocurre en la glándula pituitaria descrita anteriormente.

En los tarots iniciáticos, los que aún conservan los misterios sagrados, encontramos a la emperatriz portando un cetro, símbolo fálico por excelencia, mismo símbolo que veremos en El emperador, que es la siguiente carta. Esto permite aclarar un poco más el sentido y la dirección que lleva esta energía.

En mis otras obras hago énfasis en que es bueno prestar atención a la mitología nórdica. En ella podemos analizar el mito de Thor. Este, con una cabeza de vaca por anzuelo, pretende ir de cacería en búsqueda de la gran serpiente del mar. La cabeza de vaca obviamente nos hace pensar en Tauro, quien rige sobre el cuello; la serpiente en escorpión, en las zonas sexuales y Thor representa la energía del viajero que es esta misma que venimos tratando.

Es curioso que el día de Thor, *Thor's day*, o jueves, sea el mismo día otorgado en honor del dios Júpiter para los griegos. Thor y Zeus o Júpiter son deidades del rayo que encarnan esta energía proveniente de los Cielos de nuestro ser.

Si bien la unidad representa a Dios, la triada es una extensión divina de la Luz. Dicho de otra forma, la unidad se polariza para crear en el mundo de la materia. Dios es tríptico desde esta visión y, según los evangelios, Jesús lo menciona cuando se expresa haciendo uso del número tres.

Una vez descrita la esencia de este importante número, me remito a considerar lo relacionado con su interpretación mántica.

Interpretación mántica del número tres

Este número es el de la concepción y todo cuanto se concibe recibe de este número su poder, relacionando desde ideas hasta embarazos.

Es el número de los creativos, los idealistas, los comerciantes, estudiosos, pensadores, intelectuales e investigadores. Además calza aquí tanto el vendedor como el divagador.

Este número relaciona a los viajeros y los viajes de corta duración o cercanos.

Es el número de las influencias y las relaciones públicas, esto se debe a la regencia por Mercurio.[9]

Analizando desde la astrología la importancia de este astro, me permito explicar que este planeta tiene una marcada influencia sobre nuestro sistema nervioso. Si comparamos las influencias de este número con la forma en que trabaja un nervio, encontraremos muchas asociaciones importantes. Esta condición llevó al dios Mercurio a convertirse en el mensajero de los dioses, como ciertamente nuestro sistema nervioso es nuestro gran mensajero.

Sintetizando diría que es el número de las ideas, pensamientos, concepciones, embarazos, amistades, comunicación, mensajes, chismes, relaciones sociales, comercio, estudio y viajes cortos o rápidos.

---

[9] El porqué de esta regencia se analiza profundamente en mi obra: *El Yo y la destrucción de demonios*.

## El número cuatro

$$\text{⊥}$$

Ahora pasamos al siguiente número, el número de la materia. En esencia se trata de una cruz acompañada de una línea vertical.

Es importante aclarar que el simbolismo original de este número se relaciona con la figura que arriba presento, puesto que aquella que se utiliza actualmente no representa ninguna relación alquímica.

$$4$$

Esta modificación modernista cambia por completo la intención que se encuentra tras el concepto original del número.

La línea vertical tiene el significado de una fuerza solar y masculina. Además avisa de algo proveniente de lo alto.

La cruz, por consiguiente, representa la naturaleza íntima de la materia.

Ya antes vimos lo relacionado con el significado de la cruz. Ahora, con una visión más clara, nos es fácil entender que el símbolo del número cuatro atribuya su significado a la visita que hace la energía del *Yo Soy* ( | ) al receptáculo de la materia ( + ). Dicho de otra forma, es el arribo de la Luz a la zona de la procreación.

Este hecho se encuentra simbolizado en los misterios cristianos por la llegada de Jesús al mar de Galilea. Allí lo esperan 12 discípulos, quienes representan las doce sales alquímicas.

Los antiguos sabios dieron un especial significado a la zona sexual y la relacionaron con las fuerzas de la naturaleza y sus cuatro elementos. Fue considerada simbólicamente como la

"Tierra" de nuestro cuerpo, en tanto la cabeza representó el "Cielo".

Analizando encontraremos en esta región el Fuego de la pasión, el Agua en las sustancias crísticas, el Aire como parte de la composición de dichas sustancias y la Tierra como el recipiente que las guarda. Es ahí donde se aprisionan las almas de los hombres, las que luego gracias a la fecundación cambian de estado para formarse en el mundo de la materia.

Hemos tratado en esta obra el recorrido de la Luz Solar y nos encontramos ahora en su conversión a Luz Cristónica, Luz en forma de Cristal, donde el Yo Soy se convierte en cristal; Je suis Cristal, JesusCristo.

En mi obra *El Yo y la destrucción de demonios*, trato este tema explicando la composición de esta sustancia en 12 sales sagradas que están representadas en la Biblia por las 12 piedras preciosas mencionadas en el Antiguo Testamento.

Al relacionar los cuatro elementos que componen el astral líquido en el cual se forma el cristal con estas 12 fuerzas, vemos una profunda relación astrológica que es importante considerar.

Lo primero sería analizar que en las 12 fuerzas zodiacales encontramos cuatro ternas compuestas por los elementos que son: 3 signos de Fuego, 3 de Tierra, 3 de Aire y 3 de Agua.

En otra de mis obras explico que estas fuerzas zodiacales se encuentran inicialmente en nuestra aura, pasan luego a nuestro cuerpo, donde se materializan, y finalmente las encontramos en la sustancia sagrada concentrada en estas doce sales que ya hemos mencionado.

*Sicut est superius est inferius.* De un modo repetido podemos verlo en las doce constelaciones que atraviesan nuestro Sol, convirtiéndose en los doce signos zodiacales que influyen en la Tierra y en todas sus criaturas.

Los mayas y romanos representan este número mediante cuatro componentes, bolas para los primeros, verticales para los segundos.

### El número cuatro para los Mayas

### El número cuatro para los Romanos

# I I I I

En este último existe una variación que también vale la pena analizar en su simbolismo. Es común aceptar el número cuatro romano con la siguiente figura:

# IV

Este símbolo nos muestra la energía vertical al lado de un ángulo que representa el descenso. Sin embargo, son las cuatro barras las que describen con gran propiedad a esta energía solar vital compuesta por cuatro estados o elementos básicos.

Con todo lo expuesto, el número cuatro con certeza representa a la sustancia sexual en su estado primitivo, aquella que se forma a partir del descendimiento de la Luz en su estado primario y que reposa en las zonas de la procreación. Otros simbolismos de este lugar son: la Tierra de los alquimistas, donde se encuentran las raíces del árbol de Igdrasil de los Nórdicos, el árbol de la vida o el árbol del bien y del mal para los hebreos y el Jardín del Edén del Génesis Bíblico. Allí están presentes Adán como fuerza Solar y Eva como fuerza Lunar en el jardín sagrado con la serpiente y el fruto prohibido.

En la fascinante obra de Tolkien se relaciona el número cuatro y sus misterios con los cuatro Hobbits distribuidos del siguiente modo:

El temperamental Merry simbolizando al Fuego; Pippin el parlanchín al Aire; Sam el jardinero a la Tierra y FrOdO, viajero y frágil, al elemento agua.

También tiene relación este número con otro fragmento de la obra; el viaje por el paso de Caradhras o la travesía por las montañas nevadas. Ese trayecto los lleva a tomar el camino de la mina del enano que es conocida en lengua élfica como las cuevas de Moria: OIA, IAO.

Huiracocha nos avisa de la relación de esta sustancia con Júpiter dentro de los misterios griegos llamándole *Jovis Pater* IAO, en su obra *Iglesia gnóstica*.

Ahora nos corresponde mirar el tarot cuando ya mi gurú, Ser Jerárquico de la Luz, me indica desde lo etéreo cómo ordenar estas ideas.

El arcano cuatro es **el Emperador**, seguido de **la Emperatriz**, la cual ya hemos aclarado.

El emperador lleva consigo un cetro o vara de los magos que también porta La emperatriz como símbolo fálico por excelencia. Este se encuentra recostado a la piedra cúbica, la cual es la piedra filosofal que es necesario tallar para alcanzar la Divinidad: "Tú eres Simón **Pedro**, y sobre esta **Piedra** edificaré mi Iglesia".

El emperador es el dueño de un imperio en el mundo de la materia, su simbolismo trata acerca de la reunión de estas cuatro fuerzas elementales que componen la sustancia Crística y que son territorio del *Sol Bajo*.[10]

En la mitología griega se encuentra relacionado con *Cronos*, el aprisionador y almacenador de la Luz de Dios.

---

[10] **Véase** *El Sol Bajo* **en mi obra** *Los tres soles y la sabiduría fiel.*

En el arcano uno también tenemos una conexión al número cuatro y tal sincronía está simbolizada en la mesa del mago. Esta presenta cuatro ángulos y cuatro patas, es su mesa de trabajo. Sobre esta mesa se encuentran los cuatro elementos representados así: Fuego en la vela, Aire en la pluma, Tierra en el disco de oro y Agua en la copa. Es fácil ver uno de sus elementos de poder, el cual es precisamente el cetro; también simbolizado en otros medios como la flauta mágica y la varita mágica. Analizando en profundidad esta carta, podemos ver que el mago en el centro simboliza la energía de la Luz y señala hacia arriba con su índice derecho anunciando su siguiente destino. Este relato lo vimos en la explicación del número 1. Abajo se encuentra la mesa, su centro de operaciones mágicas, lo que tiene relación con el número 4.

Con todo lo expuesto queda en claro la profunda clave iniciática que escondían nuestros ancestros, los sabios de la antigüedad tras la figura reverente del número cuatro.

A continuación la interpretación de este número.

## Interpretación mántica del número cuatro

Es claro entender que este número trata acerca de una reunión de fuerzas, por tanto relaciona las uniones, la congregación de energías, la seguridad, la concreción, la firmeza y la estabilidad.

El cuatro relaciona también tratos con la materia. Nos habla de cosas que se obtienen a través del logro, la búsqueda de la estabilidad y la seguridad material, la comunicación con la naturaleza y el orden por establecerse.

Los nativos de este número (incluyéndome) presentan a lo largo de su vida una necesidad continua de establecerse en las distintas áreas y de organizar su propio mundo. Son ahorrativos y en ocasiones muy resguardados dentro de sí mismos. Aun cuando no sean el centro de su círculo social, son pieza fundamental para ello. Se motivan hacia los principios de los cuatro elementos.

Se inclinan por profesiones relacionadas con la naturaleza, la cual es su principal fascinación. Es común verlos en áreas como: física, matemática, mecánica, botánica, química, entre otras. Todo lo que represente concreción, naturaleza y forma.

El nativo de este número en todo momento busca seguridad, confianza y estabilidad. En algunos casos puede tornarse un poco introspectivo; en otros, algo materialista y quizá egoísta debido a su prisa por conservar las cosas materiales.

El número cinco

5

En Egipto este número era conocido como *Dua* y fue considerado nefasto.

En tiempo de las dinastías egipcias un año equivalía a 360 días. Luego esta medida fue adoptada por los matemáticos y se convirtió en los 360 grados con los que podemos medir una vuelta angular completa en un círculo. Como el año presenta una duración de 364 días y 6 horas, esos casi cinco días sobrantes eran otorgados a Seth, una divinidad de mal proceder. Es por esta causa que el número cinco se llegó a considerar nefasto y durante los días de Seth nadie hacía nada, la sociedad egipcia se paralizaba.

El cinco para los egipcios era un número desastroso, esta es la egrégora con la que se cargó la vibración de este número en dicha cultura.

Contrariamente a esto, nosotros los occidentales hallamos en este número una carga mental o egrégora favorable.

Es el caso también del número ocho, que para los chinos es sagrado, mientras que para nosotros, en Occidente, tiene una connotación un tanto pesada.

Confirmo nuevamente que el número vibra en el universo mental del hombre y se carga del valor que cada grupo mental le aporta.

El valor del número cinco en nuestra sociedad occidental arranca sus propiedades del quinto arcano del tarot.

Hago esta introducción de manera aclaratoria aspirando a ser comprendido por mis colegas de la numerología sobre la distinción existente entre el cinco que vibró para los egipcios y el cinco que vibra para nosotros, los occidentales. La consideración a este asunto traerá mejores interpretaciones de tal vibración etérea.

Continuando con el estudio íntimo de los números, prosigamos analizando su figura.

Si observamos bien el icono de este número, la parte de abajo es una perfecta medialuna.

Esta representa una energía femenina como lo son las aguas santas que reposan en el Sol Bajo.

Realmente el cinco representa una fuerza que une a los cuatro elementos de la misma manera en que lo hace el dedo pulgar con los otros dedos.

¿Qué sucedería si no tuviésemos el dedo pulgar? Obviamente nuestras manos serían torpes. Esto es justo lo que les sucede a los cuatro elementos sin la ayuda de la quinta esencia, la energía divina que los une.

Los quirománticos, estudiosos de la mano, relacionaron al dedo pulgar con la energía de Venus. Esta misma energía es la que une a los cuatro elementos y proviene precisamente del espejo de Venus, donde ella refleja su belleza. Este espejo se encuentra en el caduceo de Mercurio, símbolo muy utilizado por el gremio de la medicina.

Continuemos en detalle analizando la figura del número cinco.

En la parte superior de este número encontramos un travesaño que representa la fuerza femenina y en secuencia una vertical que indica que hay presente una energía masculina.

Uniendo esto a la medialuna puede decirse que a las aguas del escorpión llega una energía masculina vestida de femenina. Este es un misterio que es necesario desentrañar, para esto solamente cuento con la autorización de dejarlo entrever. "Quien tenga ojos para ver que vea". Este es precisamente el misterio que enmarca el concepto del Espíritu Santo en forma de blanca paloma.

La unión de los cuatro se lleva a cabo gracias a la acción del quinto, sin esta quinta esencia no hay poder en los cuatro. La intención de este número está relacionada con el número 7.

El dedo de Venus es limítrofe de la línea de la vida en la palma de la mano. Dios nos deja este mensaje implícito en nuestro ser salvaguardando el misterio de la quinta esencia.

Comencemos nuestra gira por los distintos cultos que guardan metafóricamente este misterio sagrado.

Empecemos con los misterios cristianos. Sabido es que Jesús, la sustancia del YO SOY, se convierte en YO SOY CRISTAL (*JE SUIS CRISTAL*), JESÚS CRISTO, una vez que pasó por el Jordán (IOA) donde recibe la esencia pura de El espíritu Santo en forma de La blanca Paloma. Esto nos reafirma una energía masculina encapsulada en una energía femenina. Recordemos que a partir de allí el Divino Varón, el Hijo del Padre de toda Paternidad, recibe un majestuoso poder para llevar a cabo actos milagrosos.

Visto desde los misterios que nos enseña Tolkien en su obra, este misterioso hecho se relaciona con la reina élfica Galadriel, la dama de Lórien, quien regala a los Hobbits poderosos regalos y apoya a FrOdO en su primordial misión con el anillo mágico. También ella cuenta con un espejo mágico al igual que Venus.

En los misterios rúnicos es específicamente la runa Kaum la que guarda estrechamente el secreto de la quinta esencia, el gran enlazador universal que proviene del Padre de toda paternidad.

Esta runa fue utilizada astutamente por Hitler en su campaña. Sin embargo, su simbolismo relata cosas mucho más profundas que el simple uso como saludo dado por el partido nazi.

En el tarot nos encontramos con la carta cinco: **el Sacerdote**.

El sumo sacerdote o el Papa, como se lo conoce en otras obras, se refiere principalmente a esta esencia cristalizada que representa a JesusCristo o al Yo soy Cristal, como el sumo orientador de esta sustancia y su concentrador potencial.

Este mismo principio lo representa Gandalph para la obra de Tolkien.

En el tarot de Crowley o maestro Therión encontramos este hecho simbolizado por un sumo pontífice. En las cuatro esquinas de esta carta, rodeando al sacerdote, encontramos un águila, un hombre, un león y un toro. Estos son los simbólicos cuatro elementos, los mismos que en los misterios cristianos se encuentran representados por los cuatro evangelistas: Mateo, Marcos, Lucas y Juan.

En esta carta además vemos a un toro a sus espaldas haciendo relación a Tauro, y sobre él, un elefante en alusión al dios Ganesha del panteón hindú.

Una serpiente unida a un ave o a la blanca paloma rodean su aura en la cabeza. Todo esto envuelve una flor de cinco pétalos de donde salen 9 rosas en halos de luz.

El sacerdote porta la llave indicando que es la salida y en su plexo solar podemos observar a un niño dentro de una estrella de cinco puntas: el niño sagrado que se alcanza tras la realización del Ser. También en esta carta vemos que en sus zonas sexuales se encuentra Isis, madre digna de los misterios egipcios. Ella está representando esas aguas inferiores y el cetro que porta en sus manos se encuentra íntimamente ligado a los misterios fálicos.

La llave antes mencionada se relaciona en los misterios cristianos con las llaves del cielo otorgadas a San Pedro.

Para el tarot egipcio de Iglesias Janeiro, este simbolismo lo representa el dios Anubis, el escriba que también lleva un callado en sus manos.

Para los misterios mayas, este hecho se da por la unión de los cuatro puntos vistos en el número cuatro. Aquí ya no encontramos puntos, sino una línea que los une a todos, es decir, la representación de los cuatro elementos unidos entre sí.

## El número cinco para los Mayas

Ahora veamos este concepto entre los romanos.

## El número cinco para los Romanos

### V

Los romanos representaron esto con un ángulo invertido, símbolo de la energía que ha descendido y se encuentra abajo.

Como vemos, los sabios de cada cultura se han preocupado por dejarle a su pueblo las herramientas necesarias para el retorno a la Divinidad, todas ellas escondidas ágilmente tras inteligentes metáforas. Ahora y gracias a la globalización es posible estudiarlas. Si bien no es fácil abarcarlas a todas, es importante analizar las más destacadas.

Interpretación mántica del número cinco

Este número representa al orientador, al guía, aquel que sabe dar consejo, que sabe dirigir. Es el número de los dirigentes, de los organizadores, también de los casamenteros, aquellos que andan relacionando a unos con otros.

Los nativos del cinco son buenos conversadores.

Propios de este número son los relacionistas, comerciantes, vendedores, profesores, sacerdotes, psicólogos, orientadores o simples consejeros.

Se aconseja prudencia a los nativos de este número, ya que a menudo pueden verse involucrados en comentarios o malas interpretaciones.

Como resultado de algún cálculo, este número avisa sobre situaciones que se ordenarán del mejor modo, de procesos que necesitan un norte o que ya lo tienen. También nos indica un buen camino, un buen sendero, la buena disposición, un discurso, un consejo, una inversión inteligente, una opinión importante, un curso de aprendizaje, una charla nutritiva, un enlace con personas influyentes. La buena voluntad y la buena disposición son naturales de este número.

El número cinco determina buen camino a todo aquello que se consulta.

## El número seis

# 6

Nos acercamos ahora al más controvertido de los números debido a que genera grandes temores en el conocimiento popular, mas aquí lo veremos con claridad para entender su significado cabalístico.

Dentro de los escritos bíblicos el seis ha sido considerado como el número de la naturaleza imperfecta, el número de las malas influencias. Esto ha llevado a la civilización occidental a reconocerlo como el número del terror. De algún modo el número seis ha causado desasosiego en el hombre común, mas este no ha valorado el profundo significado que posee ni aquello que los cabalistas herméticos de la cábala antigua desearon plasmar en su misteriosa forma.

La serpiente, el dragón, la serpiente emplumada, el dios Pan de los griegos, el dios Abraxas, el Baphometh y la estrella de seis puntas, además de muchos otros símbolos y deidades de las diferentes culturas, atribuyen su valor simbólico a este número y se relacionan de algún modo con su profundo significado.

El número seis es un número ligado a la sexualidad, nunca al temor o al pánico.

Este temor al número seis fue inspirado por el control que ejerció la ignorancia en una masa humana que fue víctima de fuertes ataduras filosóficas.

¿Pero qué relación tiene la sexualidad con la imperfección?

La causa que enlazó al ángel que estuvo libre en la voluntad de Dios con las criaturas de este planeta fue precisamente la sexualidad.

Es por tal medio que atraemos nuevas almas a este plano material, mas no es este el caso que llevó a los sabios de la antigüedad a darle un profundo valor simbólico a este número.

El sexo en el ser humano es el argumento instintivo por el cual una especie se reproduce, mas también es la vía de la realización espiritual si se entiende sabiamente desde un principio alquímico.

Este tema resulta un poco delicado. He conocido casos en los que se constata la ignorancia de unos tras el abuso de otros, pues hay quienes alardeando de tantristas, magos sexuales y demás confunden a los y las jóvenes haciéndolos víctimas de sus desequilibrios hormonales. Como para todo hay gente, no falta el ingenuo que desea ser presa fácil de esa tela de araña.

Para no pecar de inocentes es importante observar bien y volver a la frase del Cristo: "Por sus actos los conoceréis". En mi opinión es lo más razonable.

El propósito de la Logia Blanca con la humanidad es ayudar al hombre a alcanzar su propia realización espiritual. Para ello, a lo largo de la historia se han escrito y se escriben obras de profundo saber y de alta filosofía. Tal es la intención de esta y mis otras obras al tratar de aclarar los misterios que conducen a la sagrada cumbre.

Esta realización espiritual tiene un laboratorio dentro de nuestro cuerpo mismo, esto lo expresa Huiracocha (Dr. Krumm Heller) en su obra *Iglesia gnóstica*, donde dice que la llave de la liberación se encuentra cifrada en la sabia dirección de las sustancias sexuales. Esta es la realización de la sustancia Cristal, del Yo Soy Cristo, JesusCristo. "Yo soy el camino, la verdad y la vida, nadie llega al Padre si no es por Mí". Y es que realmente es sobre esa batería química tan poderosa en la cual los misterios sagrados se han centrado como pilar de una magna ciencia: *la alquimia*; *la ciencia de la liberación del espíritu*.

En los conocimientos de nuestros ancestros la realización espiritual a través del sexo fue la pista fundamental para alcanzar su iluminación personal. Tal cosa se muestra en las figuras tántricas del Kama-Sutra, el sexo como ciencia espiritual.

En el caso de los varones, distintos misterios, entre ellos los griegos, enseñan que el cetro o miembro viril se convierte en la poderosa vara mágica de los magos. En la mujer, que poco se ha estudiado en los misterios, su clítoris representa entonces una poderosa e importante fuente de energía nerviosa.

El sexo se convierte en el mayor reto para el buscador, debe aprender las técnicas de dominio interno para el control de sus energías personales, pues el instinto animal puede volcarlo y controlarle su voluntad.

El tema de la sexualidad dentro de estos estudios presenta dos únicas situaciones y en eso enfocaremos el significado de este número.

En términos simples, la primera es que esta sustancia sagrada de la que hemos venido tratando vaya afuera y la segunda es que ella vaya adentro. En otras palabras, que el semen común nutra a la tierra o que el semen sagrado nutra al hombre y lo convierta en un ser superior.

Lo primero ocurre de común gracias a la invitación continua del instinto sobre la naturaleza humana, lo que causa un deleite sexual profundo. Lo segundo, es la búsqueda secreta de los sabios, la realización de la *Piedra Filosofal*.

Y es que precisamente esta última es nuestra más alta aspiración divina y va en contra de los propósitos macabros de las fuerzas oscuras que gobiernan el planeta y que esclavizan las almas de los hombres, llevándolas a permanecer atadas a las circunstancias de la nave en que nos transportamos por el universo material.

Todo cuanto se pueda hablar o tratar acerca de este tema es por consiguiente sagrado, no macabro como se ha pretendido mostrar. El sexo sagrado es la puerta de la realización espiritual y ha estado siempre simbolizado por la llave mágica, pero también es la puerta de la perdición por donde las almas se desgastan encarnación tras encarnación hasta extinguir su esencia, plan perfecto de la oscuridad. Aquí tienes el motivo por el cual en la faz de la Tierra ocurre todo tipo de circunstancia que evite el despertar de la conciencia humana, pues el camino a ello, como dice Jesús: "Es difícil y pedregoso".

Las entidades de la oscuridad acechan continuamente al ser humano para conducirlo por caminos de perdición y sevicia. Somos educados para esto dentro de cualquier sociedad porque no se nos ha instruido para alcanzar la realización divina. Existen fuertes intereses en que la masa humana siga entretenida en su mundo de progreso donde cada día se hace más esclavo de las ocupaciones y posee menos tiempo para pensar en que existe un Dios encerrado dentro de cada individuo. Dediqué una obra completa a explicar por qué estamos aquí, en un mundo de esclavitud, hacia dónde vamos si no despertamos y el macabro plan de las huestes oscuras. Esta obra la he venido mencionando a lo largo de la redacción y se titula ***El yo y la destrucción de demonios***.

Bien, ahora me corresponde descifrar el código oculto que entraña este número y aquello que motivó al sabio que lo representó tras esa figura.

# 6

En la parte inferior nos encontramos un círculo que puede ser interpretado por un Sol. Luego, en la parte superior de la figura, tenemos la forma de un arco. En realidad la figura nos muestra su significado oculto y se trata directamente del recorrido del epidídimo desde los testículos hasta las vesículas seminales, donde se encuentran las aguas sagradas: "Si tú conocieras cuál es el don de Dios y quién es el que te dice dadme de beber, entonces tú le rogarías y **él te daría agua viva, la que produce un manantial fecundo hasta la vida eterna**", las sabias palabras que Jesús le pronunció a la samaritana.

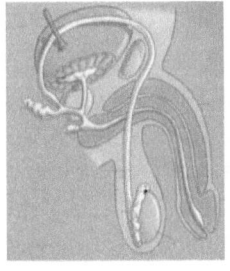 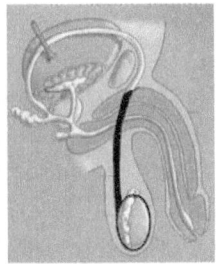

Como vemos, durante milenios tras los números se ha ocultado la sagrada sabiduría y el número seis no está exento de ello.

Este es el tercer Sol y lo explico con detalles en mi otra obra *Los tres soles y la sabiduría fiel*.

Por ser el número "imperfecto" es que los distintos credos asociados a la fe judeocristiana han tenido para con él un trato despectivo. Si hubiésemos sido instruidos al respecto por culturas como los griegos, los romanos o los egipcios, la visión de la sexualidad tendría diferentes connotaciones y la forma de concebir este número sería distinta.

El número cabalístico 666 viene entonces a representar en la metáfora apocalíptica a un ser imperfecto como la bestia, por considerarse entonces como la fuerza que esclaviza al hombre. Sin embargo, 666 suma en su cábala 18, que reducido a su cábala misma es 9, número que en adelante veremos como el número de la realización espiritual.

6+6+6=18 donde 1+8=9. Así se confirma de un modo cabalístico y bíblico que por esta vía se llega a la perfección y al contacto directo con Dios. Es decir, por el sexo sagrado se llega a la divinidad.

Que sirvan estas aclaraciones para derrocar un tabú hacia algo tan sagrado.

En mis otras obras explico lo relacionado simbólicamente con la estrella de seis puntas, la que también presenta una estrecha relación con este número. Recomiendo estudiar al respecto porque en ella existen misterios importantes por considerar.

En este número encontramos los dos caminos, *el amplio y el estrecho,* por donde se puede conducir la sustancia sexual. Con ello entenderemos por qué el arcano seis del tarot es llamado **La indecisión**.

Este arcano nos enseña la dualidad a la que está sometida la luz hecha materia en las zonas sexuales y se encuentra representado por un hombre en medio de dos mujeres, la blanca y la negra. La primera es una mujer recatada que le enseña el cielo y la segunda una mujer, de ligeras vestiduras, lo invita al placer y a la lujuria. Estas son las dos opciones que tiene la sustancia Crística, con la mujer de adentro cuando su alma lo reclama o con el mundo lleno de placeres incontenibles y deleitosos dentro de un desbordante abismo espiritual.

En los misterios cristianos esto se encuentra representado por la tentación que el demonio le hace a Jesús en el desierto invitándolo a tomar el otro camino.

Los caminantes del sendero tienen una cita con la sexualidad, porque no se trata de reprimir internamente los deseos que trae la carne, sino de dirigirlos en espacios de tiempo especiales para la realización del ser interior. Hay épocas para conquistar la Luz espiritual y épocas para saciar al salvaje instinto de nuestra naturaleza sanguínea. Para ello resulta importante buscar más.

Por todo lo expresado, el número seis es el número de las dos vías, de esto surge la indecisión por elegir un camino, la Y griega que se forma en la vida misma. Por esto representa el número de las vacilaciones o indecisiones.

El seis está ligado al sexo, al placer y al amor sexual. En adelante veremos con el 19 el amor del alma y del espíritu. El número seis describe las relaciones sentimentales nacidas de un proceso hormonal, o sea el amor animal, las energías de

Marte y Venus jugando en conjunto. Cuando tratemos acerca del número 19 comprenderás el amor del alma.

Para los mayas, la numerología toma una nueva ruta de interpretación a partir de este número, de igual modo para los romanos. Sin embargo, no por ello deja de ser importante la interpretación del número entre ellos.

### El número seis para los Mayas

### El número seis para los Romanos

# VI

Para ambas culturas el significado del número es: uno después de la energía formada, un paso después del jugo filosofal.

Ahora presento el papel que juega el número seis en el plano de la mente.

### Interpretación mántica del número seis

Este es el número de los amores, los romances, las relaciones sexuales, la ambivalencia, la indecisión, la inseguridad y la duda.

Los nativos de este número de algún modo pasan por experiencias múltiples en el área sentimental, también son inestables, algo inseguros sobre si han tomado o no la ruta correcta. En ocasiones al caminar por un sendero piensan que debieron haber tenido más éxito en el otro, lo que disminuye para ellos el poder mental de la concentración que requiere un objetivo.

Asimismo se debilitan las fortalezas de la realización y de la concreción.

Este número también invita a los enredos, las dudas, la confusión. Si este número aparece como resultado de una consulta se debe aconsejar firmeza sobre una situación que pueda parecer ambigua.

## El número siete

つ

Iniciemos basándonos en la forma de este número.

En la figura del número 4 vimos la cruz acompañada por una vertical. Ahora tenemos la cruz acompañada por una barra horizontal.

La cruz, como ya sabemos, representa a las fuerzas de la naturaleza y se refiere especialmente a nuestra naturaleza interna, la forma de la luz espiritual en el plano físico. La Tierra interna, la materia.

Sobre esta cruz se encuentra reinante una barra horizontal, la cual representa a una energía femenina, como indicándonos que una fuerza de esta polaridad gobierna sobre la materia brindándole perfección.

Pensemos un momento en cómo sería si el horizontal se encontrase debajo de la cruz. Siendo coherentes con la interpretación de tal imagen tendríamos a la materia gobernando sobre esta energía femenina. Mas la figura del número siete en su esencia nos enseña que es la energía femenina la que reina poderosa y victoriosa sobre las sustancias materiales y Crísticas. Ya anteriormente habíamos narrado acerca de esta energía femenina al contemplar el número cinco.

Para los misterios cristianos este hecho se encuentra relacionado con María Magdalena, quien unge con perfumes al Santo Varón, al Hijo de Dios, al Yo Soy. Sin embargo, para estos misterios encerrados en el cristianismo, este horizontal sobre la cruz representa esa misma energía del Espíritu Santo que vimos en el número cinco. La diferencia en ambos casos radica en que en el número cinco esa fuerza femenina solar descendía sobre las aguas, mientras que ahora esa energía la encontramos gobernando sobre los cuatro elementos, sobre la materia. Podría decirse que las almas se encuentran preparadas para su viaje y han culminado con éxito sus preparativos.

Este número lo encontramos continuamente en los estudios bíblicos. Jesús a menudo lo nombra y nos enseña con él una cábala completamente clara de su poder. En Mateo 14: vers. 14-21, se puede ver a través de un análisis cabalístico la presencia de este número 7 en la conversión de los panes.

Analicemos esto: en la primera conversión tenemos dos peces y cinco panes (2+5=7) para 5000 personas (5), las sobras se recogen en 12 cestos (12 sales).

En la segunda conversión según Mateo 15: vers. 32-38, tenemos 7 panes (7 centros o chacras), algunos peces (la Luz Cristónica), para 4000 personas (los 4 elementos), y sus sobras llenan siete canastos (las siete rosas florecidas, la divinidad presente en los 7 centros).

Este poder del siete de controlar al seis, a tal energía inquieta e inestable, podemos considerarla un éxito ineludible como cuando se conquista una meta. Es muy diferente a una situación que no representa esfuerzo, pues ha de entenderse que el siete representa triunfos tras una merecida lucha, a veces triunfos de la nada o por gracia de la suerte.

Este controvertido número siete es fácil verlo expresado en la naturaleza física de múltiples formas.

En principio en el arco iris, la Luz solar se descompone tomando una gama en la atmósfera y nos lleva a contemplar la maravilla del espectro visible. Esto mismo ocurre en el prisma y en todo haz de luz que pueda descomponerse del mismo modo.

De la misma forma en que la Luz se divide en siete colores, la Luz de Dios presente en el humano también se divide en siete haces de luz conocidos como los siete vehículos de los que hemos tratado antes. Ellos tienen una conexión al cuerpo físico a través de los siete chacras o vórtices de energía. Esto ha sido simbolizado alegóricamente y representado por el cuento de los siete enanitos que acompañan a *la Blanca Nieves*, nuestra etérea dama (el aura). También existen tres centros de acción que controlan los tres mundos en los *Tres Soles*.

Pasando a la astrología, en la antigüedad se contemplaban las fuerzas de los siete astros principales. A estos se les atribuían los factores energéticos en el desenvolvimiento de nuestro planeta. Estas fuerzas celestes son: Sol, Venus, Mercurio, Luna, Saturno, Júpiter y Marte. Notemos que aquí hay una estrella que es el Sol, un satélite que es la Luna y cinco planetas. Basado en los principios de estas fuerzas surge nuestro calendario gregoriano, el cual tiene siete días atribuibles a cada una de estas energías.

Con el siete encontramos múltiples situaciones que ya expongo en otra de mis obras. Estoy seguro de que se puede encontrar mucho si se busca con detenimiento acerca de lo que este número representa para el mundo etéreo y el mundo de la materia. Se puede escribir un volumen entero al respecto. Por lo tanto no desgastaré a mi lector con demostraciones que resultan fascinantes e interesantes, pero que nos alargarían el tema en cuestión. Invito a quien le interese a tomar el camino de la investigación. Mi labor consiste en descifrar el simbolismo y el especial significado del número en estudio.

Continuando con el simbolismo de su figura, he de decir que este número representa el control sobre la materia, la esencia perfecta, la sustancia poderosa y armónica, el supremo bien en puertas del orden y la victoria sobre el mundo de la forma.

En la obra de Tolkien, lo que se expresa en el cinco y en el siete se relaciona con el paso de la comunidad del anillo por el bosque de Caras Galadhon, donde moran Galadriel *la dama de Lórien* y Celeborn. Resulta interesante que estos viajen en un arca en forma de cisne; en la simbología rosacruz encontramos un pelicano al que vemos alimentar siete polluelos y que se refiere a esta misma alegoría.

También es interesante analizar la mística de Tolkien cuando presenta a Celeborn con cabellos de **Plata** y a Galadriel con cabellos de **Oro**. Esto nos invita a pensar en el cuadro de Joprha que relaciona la lámina zodiacal de Libra y el consecuente misterio de esto.

Siguiendo la obra no puede escapar a nuestra vista la cámara donde se encontraron Celeborn y Galadriel con la comunidad del anillo. La descripción de Tolkien es muy enriquecida al decir que "es una cámara ovalada, que una luz clara brillaba allí, las paredes eran verdes y plateadas y el techo de oro". Toda esto denota que se trata del espejo de Venus en el caduceo de Mercurio, un símbolo alquímico de los antiguos sabios griegos. Este también guarda una relación con el espejo mágico de Galadriel. Ni hablar del lago espejo y el río de plata, tan importantes en estos misterios.

Eso de la entrada a la ciudad por el sur nos debe invitar a pensar en aquello que Tolkien quiso insinuar. ¡A desempolvar las obras de Tolkien! Veo que necesitan una leída más profunda. Las obras de este gran autor representan una profunda biblioteca mágica y alquímica por estudiar.

El arcano siete del tarot nos enseña esta energía con la misma figura del emperador conquistando las dos esfinges, la blanca y la negra. Este se encuentra montado sobre un carruaje donde las dos esfinges tiran del mismo, insinuando que lo llevan a realizar un viaje. Este es el carro de Apolo con el cual recorre el cielo según la mitología griega.

El tarot de Crowley es más específico a este respecto. Invito al estudiante a analizar con atención esta carta, pues si bien lo he venido dando todo molido, en buena hora que se tenga un pequeño esfuerzo de investigación.

Es importante considerar la estrella de siete puntas. En este símbolo, el arreglo de las fuerzas planetarias permite comprender el uso adecuado de esta estrella y su poder. Puede encontrarse lo relacionado al tema en *El Yo y la destrucción de demonios*.

Gracias a los avances de la ciencia actual y a los profundos estudios acerca de anatomía y fisiología humana, es posible analizar todo el proceso de la formación de la sustancia Crística. En el pasado esto no podía hacerse debido a la limitación de los métodos tradicionales. Esta fue la razón por la cual los iniciados de otras épocas, al descubrir la naturaleza íntima del ser humano, se dieron a la tarea de guardar este proceso dentro de lo que conocemos como "los misterios iniciáticos". Sin embargo, el descendimiento de la mónada o la elaboración de la sabia conocida como sustancia Crística es un hecho natural. Esto, ya sea que lo estudiemos o no, se presenta dentro de la fisiología del ser humano. Pero existe una diferencia enorme entre dejar que se elabore y elaborarla.

Creo que los lectores que han podido ver con sus ojos ya se han dado cuenta de que aunque esta sustancia se forme de manera natural, también se la puede generar apoyándose en los conocimientos de las polaridades, las respiraciones, la acción Solar y Lunar, los *tatwas* y otros ingredientes como la gimnasia rúnica y zodiacal dadas en los cursos iniciáticos del Dr. Krumm Heller. Todo esto contribuye a lograr que esta receta sea sagrada y colmada de una buena sustancia divinizada.

El proceso que ocurre de forma natural es fácilmente narrable y comparable con lo descrito hasta el número seis. Aquello que hace la diferencia entre una sustancia y la otra está explicado en la acción que hacen el número 5 y el 7. La esencia que otorgan estos números es un ingrediente mágico que no posee la receta natural. Es necesario colocarle este aderezo cristalino para convertirla en sustancia sagrada y este representa uno de los más sagrados misterios de esta ciencia, de la que casi ningún ocultista deja ver algo. Yo invito a regresar al tema del Espíritu Santo y su misterio.

Lo que antes se consideró un misterio, hoy la ciencia lo explica con lujo de detalles y con gráficas ilustrativas que llevan a su perfecta comprensión. Lo que la ciencia no descubre aún, puesto que no se contempla dentro del proceso normal y natural de la naturaleza del organismo, es la utilización de este tipo de energía en provecho propio. Este es el propósito exacto que las jerarquías de la luz, los magos, sabios y alquimistas de todos los tiempos desearon plasmar para enseñarnos que este es el método que conduce a la gran llave que abre el cerrojo.

A partir de ahora el curso de esta energía en provecho de la perfección interna debo llevarlo de modo velado, a fin de que quede a la interpretación de quien corresponda comprender estos designios y llevar a cabo el sagrado proceso de la transmutación del *plomo en oro*, la divinización del Mercurio Filosofal o el sagrado proceso de la alquimia interna.

En los misterios cristianos encontramos que Jesús realiza una última cena el día jueves, día de Júpiter o Zeus, *Thursday*, día de Thor.

En esta cena dice a sus discípulos: "Tomad y comed porque este es mi cuerpo que será entregado por vosotros para vuestra redención y esta es mi sangre que será derramada para el perdón de los pecados".

Su cuerpo y su sangre se encuentran preparados para el siguiente proceso. Es un ser divinizado en esencia y en sustancia.

Para los misterios mayas como para los romanos, en ambos casos podemos observar el número dos sobre o al lado de la energía del cinco. Interpretemos el dos como una fuerza femenina y el cinco como la reunión de las fuerzas en la sustancia santa.

## El número siete para los Mayas

## El número siete para los Romanos

# VII

Interpretación mántica del número siete

Este número refleja al exitoso, al conquistador de metas, al que alcanza sus logros y los propósitos que busca.

Es el número de la realización y optimización de los procesos, de la producción, de la vía perfecta: es el número de los buenos resultados.

Las personas regidas por este número normalmente alcanzan sus metas tras el merecido esfuerzo, además de que normalmente llevan la convicción de que lo lograrán. Es propio de empresarios, políticos y personas de buena convicción.

Como resultado de una consulta a través de un cálculo este número relaciona resultados positivos tras el proceso, éxito en aquello que se pregunta y viabilidad en todo lo que se emprende. Es el número de lo perfecto.

## El número ocho

# 8

Ahora ante nosotros la energía del número ocho, el número estáticamente circulante. Es posible comparar la energía de este número con un caballo girando alrededor de un molino de agua, puedes ver el movimiento y entender que el animal no se desplaza.

Para comprender esto dibuja el número y comienza a recorrerlo, nunca será posible terminar de hacer este movimiento cerrado.

El ocho es semejante al símbolo del infinito, el cual está presente en la mayoría de tarots en la figura del mago, con la salvedad de que lo veremos en posición horizontal.

La diferencia entre el dibujo del número 8 y el ∞ radica en la polaridad.

Estos dos símbolos tienen una distinta connotación a pesar de ser parecidos.

El ocho, por su parte, está simbolizando la energía Crística, ahora en resguardo pero en movimiento, preparada para cuando sea el momento de zarpar y ya transformada por la agitación. Los 40 días de Jesús en el desierto y los 40 días de Jonás (IOA) en el vientre de la ballena tienen relación con este encierro. Es que realmente son cerca de 40 días si contamos desde una luna nueva de preparación hasta una luna llena de realización.

Existen dos conceptos importantes por considerar: Dios en esencia y Dios en sustancia. El símbolo del infinito se adapta a la energía en esencia de Dios, está ligado a la energía del número cero y es considerado el poder primordial del mago. El número ocho representa el otro poder del mago, esa segunda condición de Dios, o sea Dios en sustancia.

El ocho siempre está relacionado con el aprisionamiento. Cronos (Saturno para los romanos) representa esta energía en los mitos griegos. Cronos devora a sus hijos y los retiene por temor a la advertencia que le hiciera el oráculo de que uno de ellos lo destronaría.

Aquí es donde viene lo bonito de todo esto. Los misterios vistos desde el lente analítico nos enseñan que las distintas culturas han sido guiadas por sabios de verdad que han contenido a su modo y bajo sus metáforas la sabiduría iniciática.

Cronos, en este caso Dios en sustancia, destrona a su abuelo Urano que es Dios en esencia y toma poder sobre todo lo que puede reinar. Luego vendrá su hijo Zeus (Júpiter) a destronarlo para reconvertir la sustancia a Dios en esencia **liberando** a sus hermanos aprisionados.

Cronos es la representación material del cuerpo físico.

El ocho y Cronos por ende tienen una similar actitud. Es de hecho interesante notar que Iglesias Janeiro lo considere así en su especial y mágico tarot egipcio, al dar al arcano 8 la regencia de Saturno.

Ya hice comprensible que la energía que hemos venido tratando se encuentra necesariamente aprisionada, sin embargo allí mismo es circulante y está en continuo movimiento.

Este hecho dentro de los misterios cristianos se relaciona con el aprisionamiento del YO SOY CRISTO, Jesús Cristo, la noche antes de su entrega en la cruz.

Alguno se preguntará cuál es la relación que tiene el simbolismo de las 30 monedas de plata. Para ello expreso que obviamente se refieren a la concentración de la sagrada energía, la que contiene a la Santísima Trinidad (3) en la energía de la plata, elemento químico relacionado astrológicamente con la Luna y alquímicamente con las aguas.

**La justicia** es por consiguiente el arcano número ocho del tarot, nunca la fuerza, como pretenden algunos ubicar, alterando con ello tan sagrada secuencia en los misterios de la Luz. **La fuerza** tiene su valor en el onceavo lugar para que esta ciencia logre estar en orden, luego veremos por qué.

En esta carta de la Justicia encontramos a una mujer que representa las aguas y ostenta en su mano una balanza, simbolizando con ello que guarda el justo equilibrio entre las fuerzas, dos masculinas (Fuego y Aire) y dos femeninas (Agua y Tierra). En su mano diestra porta la espada de dos filos, la cual representa el elemento Aire en sus dos polaridades. En algunos tarots nos podemos encontrar a esta mujer con una corona, en los misterios cristianos tenemos a la corona de espinas, ambas como simbolismo de un reinado en la naturaleza.

Aprovecho la oportunidad para contradecir a aquellos que han diseñado tarots que tienen una mujer con vendas en sus ojos, pues aquí la luz no es ciega. Esto lo han hecho algunos diseñadores pensando que se trata de la diosa Minerva o Palas Atenea entre los griegos (diosa de la justicia), la cual posee una venda sobre sus ojos.

En los misterios rúnicos, la runa Not posee este mismo simbolismo. Es como una tapa en el jarro de la fermentación.

Para Tolkien este hecho se vive en el momento en que la comunidad del anillo se prepara para partir después de una estadía reparadora en casa de Celeborn y Galadriel. Todos van armados gracias a los regalos que Galadriel dio a cada uno de ellos.

En alquimia se conoce el proceso de la fermentación como la estancia necesaria para provocar un buen elixir.

### El número ocho para los Mayas

### El número ocho para los Romanos

# VIII

En ambos casos las figuras relacionan el número tres y el número cinco como un compendio de energía divinizada. En ellos se simboliza una energía gestora e inteligente que posa arriba (para los mayas) o al lado (para los romanos) de la energía o sustancia especial que vimos en el número cinco.

Resumiendo, expreso que el número ocho está relacionado con la sagrada energía guardada en una estancia que le permite el reposo y allí mismo en continuo movimiento. Esto a manera de un fermento que aunque guardado se encuentra laborando las sustancias en su seno. Es muy similar al proceso que llevan los vinos en los viñedos, se añejan para dar mejores propiedades a su sabor.

Prosigo con la interpretación de este número para los planos de la mente.

## Interpretación mántica del número ocho

Este número versa acerca de encierros, obstáculos, esperas, paciencia, concentración, orden para iniciar algún proyecto, tiempo de estancia, espacio para reflexionar, revisar y analizar. También nos habla acerca de cárceles, estrés, aprisionamiento y obstrucción.

Los nativos de este número normalmente son metódicos, pacientes, se hallan a la espera de las situaciones sin mediar mucho por ellas. En ocasiones hasta ellos mismos son el obstáculo a sus realizaciones al imponer el esquema y el método. También son buenos trabajadores, muy responsables y poco invitados al cambio, además son perseverantes y constantes aun en sus ideas, por lo que pueden tornarse a veces algo necios y tercos.

## El número nueve

9

En mi obra *Los tres soles y la sabiduría fiel,* hago un énfasis profundo en la relación de este número y del número seis. El nueve en su figura describe la conexión existente entre dos de los tres soles.

El nueve es el número que describe el regreso al punto de partida dentro del plano físico en su primera etapa. Al llegar allí se cumple la primera ecuación, mas como dice Crowley, aún queda por resolver la segunda.

En los misterios cristianos, este número se encuentra relacionado con el arribo al monte del GIÓlgOtA, (IOA). Ahora tiene sentido todo el recorrido que Jesucristo hace con su cruz de la materia a cuestas por tormentosos kilómetros arrastrando tras de sí la humanidad. Este proceso termina en el monte de las calaveras, el sitio que nos enseñaron tradicionalmente como el monte del calvario. Allí nuestro señor Jesucristo experimentará la PASIÓN y muerte en la crucifixión. Es ahí donde entregará su cuerpo material y comenzará su viaje en un mundo etéreo.

¿A qué se refiere la palabra *Pasión*? ¿Qué relación tiene esta palabra con lo vivido por Jesús el Cristo en la cruz? Pensar en ello puede revelar una gran y poderosa clave alquímica.

Analicemos en estos misterios cristianos dos circunstancias importantes en el proceso de la condenación que hacen Al divino maestro. Lo primero es que lo lleva al suplicio su misma humanidad, lo segundo es que Poncio PIlAtOs (IAO) realiza un gesto interesante (se *lava* las manos), que ha sido de gran utilidad para aquellos que han logrado aclararse estos misterios en 2000 años.

Sucedido esto, Jesús Cristo se dirige al Gólgota (IOA) con esta misma humanidad a cuestas. "Quien tenga oídos para oír que oiga y quien tenga ojos para ver que vea".

En la Biblia nos encontramos con este número 9 repetidas veces, lo mismo que con el tres, el seis y el siete.

Ya hemos visto que la bestia se reduce a 9 cabalísticamente. Para quienes no lo comprendieron, veamos esta simple suma: 6+6+6=18 donde 1+8=**9**, el número de la redención del Cristo. Luego veremos que es el 18 el de la ascensión a la Luna, primer paso antes de llegar al gran Sol. Pero del 9 al 18 todavía hay muchos números por describir y con ellos sus procesos.

Recordemos la frase del gran filósofo y maestro Pitágoras: "Por los números se llega a Dios".

De la Biblia original todavía nos falta por descubrir todo lo intencional que existe tras Números y Deuteronomio, libros que aún tienen mucho que dar al hombre.

Para la obra de Tolkien aquí se libra una gran batalla en el abismo de Helm, donde el rey Théoden es un elemento importante, como también es relevante comprender al moribundo que revive. Todo esto relacionado con la partida, no con el arribo, pues el número nueve narra un viaje donde existe un lugar de partida y otro de llegada.

Este número es especial porque esconde tras su figura inocente el misterio de la transformación y el viaje hacia la Luz.

El **Ermitaño** es la carta del tarot relacionada con este número nueve. Representa al viajero que lleva en sus manos el faro de la Luz con el que ilumina su paso por el sendero. Este mismo viajero es Jesús el Cristo camino a la crucifixión como lo expresé antes.

Este Ermitaño nos muestra al sabio que va en busca de un camino de redención, un trecho solitario donde su mejor aliado es la fe y el amor por aquello que busca.

Existe una diferencia enorme entre el ermitaño y Jesús Cristo. El primero viaja solitario; el segundo, con la |humanidad a cuestas. El ermitaño simboliza el viaje de tal humanidad por el estrecho sendero de la iluminación.

Si has venido comprendiendo entenderás que tiene lógica la frase de Jesús: "Los últimos serán los primeros y los primeros serán los últimos". Como en un recipiente donde los primeros jarros que se depositaron inicialmente serán los últimos en evacuarse.

Volviendo a Tolkien, recordemos que Gandalph el gris regresó como el Blanco tras haber trascendido venciendo a la bestia, el Balrog, y revive para acompañar la comunidad del anillo y ayudar en todo este proceso. En esta ocasión *Gandalph el Blanco* toma el papel del Ermitaño, fiel y sincero servidor.

Para los mayas este número se simbolizó del siguiente modo:

Si consideramos al 5 por el *guía* o Sacerdote y al 4 como los cuatro elementos, entonces entenderemos este número como el que guía a los cuatro elementos hacia la transformación. No debemos excluir el papel de Quetzalcoatl (la serpiente emplumada) en la simbología maya. Esta representa el viaje de la energía reptante hacia arriba en los misterios iniciáticos de Centro América.

Para los romanos encontraríamos el mismo sentido al relacionar este hecho con su simbólica figura.

# VIIII

Para los romanos existe una versión más del nueve que lo relaciona al número 10 (X).

El número X (diez) fue para los romanos la representación de la existencia. Muchos filósofos griegos y romanos encontraron en esta X el simbolismo de la realización espiritual.

Pues bien, el número nueve en romano, visto desde este perfil, simbolizaría al *uno antes de la existencia o uno antes de la realización.*

# IX

Hasta ahora he dicho que este ermitaño, viajero, Quetzalcoatl o Mesías, parte y emprende un viaje, lo que no he expresado es hacia dónde se dirige. Ese viaje tiene por destino el gran Sol donde se queman los pecados de la humanidad. Es por esa causa que termina en un círculo la forma superior del número, símbolo del Sol espiritual.

Vimos antes al seis como un Sol que cae, ahora es importante ver al 9 como un arribo a un Sol que está en lo alto. Es semejante a nuestro Sol del sistema Solar, está arriba de la Tierra y es el centro del sistema.

Abriendo paso por los mitos griegos, vemos aquí la relación con el hecho de que Zeus destrona a su padre Cronos y toma el control del Olimpo, el cielo o casa de los dioses, una vez que ha liberado a sus hermanos.

Volviendo a la obra de Tolkien, el viaje de Sam y FrOdO a la montaña del destino donde se forjó el gran anillo mágico, se relaciona con el arribo al círculo que existe en la figura del número nueve en la parte superior. De otro lado también llegan los miembros sobrevivientes de la comunidad acompañados de elfos y combatientes.

El arribo del anillo de poder a la montaña del destino en MOrdOr motiva a prestar atención acerca de la llegada de la energía a su destino.

En el mundo físico del número, la matemática, encontramos al nueve como el número que no altera la virtud cabalística de otros números. Para aclarar un poco esto veamos lo siguiente: Cualquier número al cual se le sume, reste o multiplique por el número 9, cabalísticamente al reducirlo se obtiene el mismo número raíz. Ejemplo de esto es:

## Suma

2375 + 9 = 2384

Reduciendo:
2+3+7+5=17, donde 1+7=**8**; y 2+3+8+4=17 donde 1+7=**8**

## Resta

2876 − 9 = 2867

Reduciendo:
2+8+7+6=23 donde 2+3=**5**; y 2+8+6+7=23 donde 2+3=**5**

Esto mismo lo encontramos en la multiplicación, donde:

9 * 112 = 1008 donde 1+0+0+8 = **9**,
9 * 34 = 306 donde 3+0+6 = **9**

En la división se presenta un fenómeno, y es que al dividir por 9 una cifra que no sea múltiplo del nueve mismo, encontramos de común una expresión decimal infinita periódica pura. Veamos esto:

280/9= 31.1111..., 275/9= 35.555..., 130/9= 14.444...

Los múltiplos del 9 siempre suman en su cábala el número raíz 9. Ejemplos: 207 es múltiplo del 9 porque 2+0+7=9, 315 también porque 3+1+5=9

Cuando dividimos un múltiplo del 9 tendremos siempre por resultado un número entero.

207/**9**=23
315/**9**=35

Si nos introducimos a la potenciación con el mismo número 9 seguiremos encontrando reducciones cabalísticas a este:

$9^4 = 6561$ donde; 6+5+6+1=18 y 1+8=**9**

Como vemos, el número 9 trae sus enigmas, quizás por aquí la ciencia encuentre en el futuro la posibilidad de entrar matemáticamente a otros mundos con alguna tecnología. Si bien gracias al código binario tenemos el mundo digital a nuestro alcance, ¿qué posibilidades podría brindar este número que respeta el orden cabalístico de los demás? Este es el número respetuoso del universo, se comporta como la hermosa virtud de Dios y todos los seres de su reino, **respetuosamente**.

En astrología también podemos ver este hecho cabalístico con el número nueve al observar el tema de las Eras o de los Eones. Este asunto lo relato detalladamente en otra de mis obras.[11]

Con todo esto puedo asegurar que si bien el número 7 es el número mediante el cual la Luz toma forma perfecta en la materia, es el número 9 el que nos saca de la materia a la Luz y nos conduce hacia ella dentro de marcos de perfección.

Sintetizando esta idea tenemos que el número 7 tiene la dirección Luz-materia y el número 9 tiene la dirección materia-Luz. En los textos del maestro Huiracocha este concepto se relata como el espíritu materializado (7) y la materia espiritualizada (9).

El número 7 es un número de éxito en el mundo de la forma, puesto que la Luz lo diviniza. El número 9 es un número divino dentro del mundo del espíritu, porque guarda el secreto de la liberación de la materia para convertirla en Luz espiritual.

---

[11] *Los tres soles y la sabiduría fiel.*

Por todo esto que expreso, debo decir que el número nueve es un número de éxito en el Éter Cósmico y con él se pueden comprender poderosos e importantes movimientos de fuerzas en el éter universal.

En adelante los científicos se darán cuenta de que Dios, el éter universal, se multiplica y expande con la acción de este número. Escribo esto en el año 2010 y sé que aún falta mucho por descubrir.

Seguramente el lector más avisado encontrará más particularidades respecto a este número, en especial en los textos bíblicos. Sin embargo, la esencia vital de lo que pretende esta obra respecto a este número ya se dio y, en virtud de lo divino, es mi deseo que el hombre vea más allá de lo que su entendimiento le permita.

Ahora me corresponde entregar el significado de este número para su interpretación desde el plano de la mente.

## Interpretación mántica del número nueve

Como vimos, este número trata acerca de viajes, relaciona a los viajeros, las altas aspiraciones, las filosofías, los conocimientos, al sabio, al intelectual y a todo aquel que posea virtudes para una inteligencia abierta.

Los idealistas y las grandes ideas también calzan dentro de este número. Los espiritualistas entran además en este género.

Es el número de las realizaciones espirituales, de los altos estudios: universitarios, especializaciones, filosóficos, religiosos y científicos.

Cuando tenemos este número por resultado de algún cálculo, se interpreta que es posible realizar un viaje lejano, mas los resultados los puede describir otro número. También puede indicar el inicio de estudios superiores ya sea universitarios, post-universitarios o filosóficos.

Las características del nueve están astrológicamente muy ligadas a la energía de Júpiter: amabilidad, sabiduría, andanza,

viajes, filosofías, generosidad y servilismo. Por su búsqueda de la liberación se encuentra además ligado
a la energía de Urano.

Tratemos un poco acerca del 7 y el 9 para comprender algo más a profundidad.

El 7 es el número que prodiga éxitos en el mundo de la materia, el 9 en el mundo del espíritu. Ambos mundos son contrapuestos. La materia siempre está en pro de materializar la Luz de Dios, la Luz de Dios siempre está en pro de liberarse de la materia. Esto aun cuando ambos comparten el mismo universo.

Esta es la causa por la cual en muchas ocasiones la búsqueda de la realización se encuentra colmada de limitaciones en este plano material.

En el reino de Dios el dinero y la buena posición económica no significan nada. Allí el 7 no tiene el significado que para este mundo posee. Jesús nos mostró esto una y otra vez consigo mismo, es el mejor ejemplo. Resulta irónico que a su nombre se le haya levantado todo un imperio comercial.

No significa esto que quien busque su realización esté condenado a la pobreza. Sin embargo, el verdadero caminante sabe que en algún momento de su camino esta será una prueba en su sendero.

Por ende el número nueve que es el de la riqueza espiritual hace en ocasiones individuos con muchas limitaciones.[12] Normalmente este número en resultados también trata acerca de gastos, salidas de dinero o egresos, también pérdidas económicas.

Las personas número nueve son por lo general buscadoras de una realización personal y espiritual, son andariegos, medio gitanos, muy estudiosos o por lo menos presentan el deseo de saber. Son personas amenas como también generosas, respetuosas y atentas.

---

[12] Las variaciones a este concepto lo entrega una buena posición de su Júpiter acompañado de buenos aspectos en su Carta Natal.

## El número diez

# 10

Con este finalizamos la serie de los números raíz y con ello la primera ecuación, el primer paso de la realización y transformación del *Plomo en Oro*.

Aquí tenemos en la figura arábiga la representación de dos números importantes: el 0 y el 1.

Ya conocemos el significado de ambos, el 0 como Dios in-manifestado, el 1 como Dios manifestado.

Ahora estos dos conceptos se separan por virtud de la *Pasión*, la misma que vivió nuestro Señor JesusCristo en la cruz, donde abandonó su materia física para entregarse en las manos del espíritu y dirigirse luego al *reino de los Cielos*.

Es aquí donde la luz y su aureola se separan para conformar el número de la existencia.

Esta separación, este divorcio necesario de dos fuerzas, las masculinas y las femeninas que hasta ahora se acompañaban, traen por consiguiente una transformación, un cambio de destino donde lo uno y lo otro tendrán que experimentar nuevas polarizaciones.

El Sol calienta los mares dejando en sus playas la salinidad que flota en el ambiente, el vapor de agua avanza hasta condensarse en las nubes. Este concepto nos muestra una separación química en la naturaleza. Es fácil ver que la naturaleza misma trata acerca de las separaciones, aunque para el ejemplo mejor sería que la sal tomara el camino de las nubes y el agua se drenara de nuevo a la Tierra.

En mi obra acerca de las runas incorporé el valor de la runa *Gera* como la runa de los cambios. Realmente es esta runa la que presenta el mismo proceso que realiza el número diez dentro del proceso alquímico. Aquí es donde Gera simboliza un cambio y una transformación, un destino para uno y para otro, se me parece tanto a una destilación.

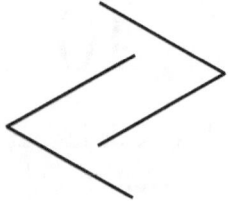

Como aclaración debo decir que muchas cosas se relacionan dentro de los misterios, mas no todas. Una vez una discípula me quiso maravillar con una relación consecutiva y errónea de los números con las runas, sin embargo no llevan este mismo orden. Por otra parte tampoco están en relación directa los significados de los números con los de las casas astrológicas. Mi intención es que no se enreden con estos conceptos las generaciones futuras, para las cuales escribo en primera instancia.

Basado en esto, la sexta runa no tiene que ver directamente con el número seis, y la quinta casa astrológica no tiene que ver con el número cinco directamente. ¡Cuidado con confundir!, ya que esto alteraría el proceso iniciático que se esconde detrás de todos estos métodos divinos.

Volquemos nuestra atención ahora sobre los misterios cristianos y lo relacionado con respecto a este número.

Cuando tratamos acerca del número 9 habíamos visto el viaje o recorrido de Jesús, el divino maestro, con la cruz de la materia a cuestas. Ahora nos encontramos con la **Pasión y muerte** del YO SOY en la crucifixión.

Cuando era adolescente le pregunté a mi mamá por qué se le llamaba *Pasión* a ese suplicio en la cruz. Mi bella dama, encogiéndose de hombros, no supo responderme. Traté el tema con compañeros de estudio y me vieron con ojos de ridículo. Sin embargo me pareció que es más ridículo reírse de la propia ignorancia. Hoy conozco el significado de esta palabra y aunque pareciese ridículo tiene mucho que decir. Ocurrió además que un día alguien me dijo que esto era un misterio. Estoy seguro de que para él aún sigue siéndolo, puesto que su respuesta y su vacilante mirada me mostraron que ignoraba su significado.

Y es que de verdad, a simple vista, no se ve ninguna pasión por ningún lado en el acto de la crucifixión. Supongo que por vuestra mente anda también el interrogante saltando a la cuerda buscando dar una interpretación a esta pasión.

Analicemos ahora su muerte. Sabemos que murió en la cruz, murió para el mundo de la materia, aunque no es realmente cierto del todo, ya que su materia se transforma. Entenderás que me refiero a los misterios, no al vehículo carnal de nuestro redentor.

Jesús el Cristo pide a NUESTRO PADRE que se encargue de su espíritu: "Padre, en tus manos encomiendo mi espíritu". Su carne la reclamaron los mortales. Ambos conceptos están relacionados con este número al tratar acerca de sus misterios.

Es muy importante no perder de vista ningún detalle de la crucifixión, pues El divino maestro dio su vida por este misterio, sufrió en su carne todo este mar de circunstancias para postergar estas claves con su muerte. Que esto no se eche en saco roto por más tiempo, ¡esfuérzate por comprenderlo si es de ti que lo entiendas!

Dentro de estos detalles está el gallo, relacionado al sonido y el sonido al mantram: "Pedro, antes de que cante el gallo en la mañana, me habrás negado tres veces".

Dimas y Gestas, enteramente importantes en el caso de este misterio. A uno de ellos, al de la izquierda, Jesús le promete que *estará con él en el paraíso*. ¿Por qué al otro no? ¿Qué sucederá con esa otra energía?

Las Marías se quedan llorando el cuerpo en la cruz, eso es bien importante.

El sermón de las siete palabras reverencia la oración y de fondo también relaciona el sonido y el sonido al mantram.

Es importante analizar que el cielo recibe a su HIJO en su reino.

El cristianismo está cargado de profundos misterios iniciáticos que vale la pena revisar. Todo esto tiene para los misterios el sagrado proceso de un plan Jerárquico que no falló, pero que tristemente no fue comprendido y sucumbió en la ingenua mente de los fanáticos.

Jesús conocía bien el proceso por el cual pasaría y que por ende era necesario, pues todo cuanto le sucedió perpetuaría este misterio, lo que visto desde los lentes de la sabiduría resulta totalmente sabio.

Por esto Jesús le pide a Pedro no interrumpir el curso de lo que habría de suceder. Bajo este criterio es justificable el evangelio de Judas, aun cuando a la mayoría le parezca cruel comprender estas cosas.

Si lo acontecido en la cruz no hubiese llevado el curso que llevó, Jesús no hubiese cumplido su misión correctamente. Ni a mí me gusta lo que sucedió con este santo Varón. Mi alma se acongoja cuando pienso en lo que aconteció con Él en este mundo material, más aún cuando sé que cada semana santa se revive su dolor por causa de la ingenua mente de la humanidad.

Jesús sufre cada semana santa. La masa humana celebra su dolor y no comprende aún la intención por la cual muere en la cruz.

Por tanto, lo sucedido en la crucifixión lleva consigo el peso de los misterios iniciáticos. Es realmente esta la misión de Jesús el Cristo desde su nacimiento hasta su deceso en este mundo material. Merced a ello se han postergado hasta nuestros días estos misterios del cristianismo y continuarán haciéndolo para los tiempos venideros.

Me es dado levantar el velo mesuradamente.

Mi trabajo consiste en desentrañar los misterios cristianos, también en dar valor al trabajo de Crowley como avatar de esta Era de acuario, y al de Huiracocha como el maestro encargado de despertar los misterios iniciáticos para el continente americano.

También he logrado aclarar que los mitos van mucho más allá de ser simples fábulas. Además me es dado enseñar que hay mucho por descubrir en los lenguajes sagrados y otros métodos alegóricos como la simbología, por ejemplo. Detrás de todo ello existe un hermoso propósito divino de redención para tu ser.

Eso de que el cero esté separado del uno es precisamente lo que quiso entregarnos el sabio que dio su figura a estos números arábigos. Quizás ya venían así desde el reino de los cielos o quizás esas gráficas fueron su interpretación y su modo de entregar con ello un misterio. Pitágoras expresó algo grande al decir que por los números se llega a Dios.

Para los mayas, este número diez consiste en dos líneas, una sobre la otra. Puede entenderse o interpretarse como una separación de dos principios. Veamos esto.

### El número diez para los Mayas

═══════════
═══════════

También encontramos significado para este número entre los romanos, pero con una connotación diferente.

### El número diez para los Romanos

X

Para ellos el símbolo es lo más cercano a la cruz, la representación de la naturaleza física. Los griegos dieron a esta figura el significado de la existencia.

Este número para ellos significó la realización, sin embargo es la primera parte de esta. Eso es lo que le dice la entidad superior Aiwass a Crowley en su libro de la Ley, y es parte en nuestro ritual de segundo grado rosacruz: "Se soluciona la primera ecuación y dejan insoluble la segunda".

Esta existencia se relaciona con el logro de alcanzar la divinidad en el mundo de la Luz espiritual a través de la cruz de la materia.

El diseño de un símbolo se atribuye a la mente de un hombre o de un grupo de hombres de alguna cultura. Yo en particular no sé quién hubo de encargarse de esos diseños simbólicos que hemos venido estudiando, pero aun así, se lo agradezco por mí y por todo aquel que pueda ver a través de ellos.

Tratando acerca de Tolkien la relación al número 10 trae consigo una batalla. En ella vemos a un rey recuperado de los venenos de su hechicero, a un mago gris que se transforma en Blanco y a la unión de las razas para combatir el poder de MOrdOr en la Tierra Media. Aunque para Tolkien tenemos dos grandes batallas, el lector tendrá que relacionar dónde ocurre cada una de estas. Pero ciertamente una de ellas se libra en un Sol y la otra en otro Sol, el que involucra a MOrdOr en la Tierra Media.

En el tarot, el arcano 10 es la rueda de la fortuna.

Ya aclaré que esta rueda de la fortuna no debe confundirse con el símbolo designado al planeta Tierra en astrología, pues por algún motivo, algún astrólogo quiso integrar esta carta del tarot a la astrología llamándola de este modo "rueda de la fortuna".

La figura de la rueda de la fortuna nos invita a pensar en su simbolismo oculto.

Allí tenemos ciertamente a una rueda que cambia transformándolo todo. El que está arriba va para abajo y el que está abajo va para arriba, algo así como la frase de Jesús en el evangelio: "El humillado será ensalzado y el ensalzado será humillado".

Vemos con todo esto los cambios. Es allí en esa rueda, en ese poderoso disco, donde todo se transforma por la **Pasión** de Cristo. Pero no hay pasión sin fuego y a esto los alquimistas le llamamos el segundo fuego transformador. El primero se dio por agitación, el segundo se da en el vacío y he aquí otro secreto. ¿Recuerdan el vacío que sucumbió la Tierra Media y a MOrdOr cuando FrOdO arrojó el anillo en el fuego de la montaña del destino?, pues para Tolkien este es ese momento.

Los números raíz son los comprendidos entre el 0 y el 9. El número diez ya no corresponde a este grupo de números, pero me he dado a la tarea de tratarlo aquí porque comprende el primer misterio. Seguido empezaré mi desplazamiento por la segunda ecuación, buscaré los medios para no hacerlo tan confuso.

Continuaré con los números que van del 11 al 22 después de entregar la interpretación mántica de este número 10.

## Interpretación mántica del número diez

Este es el número de los cambios, de las variaciones y de las transformaciones provechosas.

Este número relaciona personas cambiantes, indecisas y nada monótonas, con grandes necesidades de experiencias que las conduzcan por caminos de aventura, de nuevas rutas, cual Colón en búsqueda de otras tierras.

Caracteriza prototipos de personas poco sedentarias, más bien algo nómadas, con deseos de experimentar y buscar nuevos caminos que las lleven al despertar y al éxito. Son, en síntesis, de naturaleza cambiante.

En una interpretación esto augura cambios radicales que luego tendrán buenos cimientos. También trata acerca de separaciones, divorcios, giros del destino, cambios de ciudad, casa, empleo, incluso hasta de amor.

Este número guarda una estrecha relación con su número raíz el 1, pues 10, 1+0=1. Por esta causa las cosas que vibren con este número 10 son afines al número 1.

No existen personas con arcano uno, pues hubieron de haber nacido mucho antes del año 1000, más adelante lo veremos. Guarda este concepto para cuando saquemos el cálculo del arcano de cuna.

Las personas con arcano 10 tienen por raíz al uno y en consecuencia vibran con las características de ambos números, el 10 y el 1.

## Los números secundarios

Nos encontramos ahora ante la segunda ecuación. Está relacionada con la resurrección de Jesús, el paso del Mesías por las distintas esferas de la Luz para alcanzar el propósito máximo de su realización.

¿Pero qué pudo haber sucedido con el Divino Maestro después de la crucifixión? Solo sabemos que estuvo entre los muertos y resucitó para luego ascender a la diestra de Dios Padre, que después del tercer día se lo vio entre sus discípulos y esto es lo que nos narran las sagradas escrituras.

Por generaciones se ha repetido este tema dentro de la cultura occidental y ocurre lo mismo que cuando se recita un verso sin sentir ni pensar en aquello que inspiró al poeta. Ahora trataremos de darle un sentido más profundo.

Los misterios han estado presentes en el planeta para la realización de los hombres y funcionan como herramientas para alcanzar la buscada iniciación de los sabios. Sobre el tema encontramos tanto en la sabiduría antigua como en la sabiduría popular. Sin embargo, existe algo extraño en ello y es que en la mayoría de los misterios iniciáticos la segunda ecuación o aparece velada o simplemente no aparece.

En los números tenemos este particular, todos los sistemas narran claramente el proceso hasta la primera etapa que ya hemos descrito.

A partir de aquí, los números arábigos y sus figuras ya no connotan misterios ni claves que debamos descifrar, por lo que su interpretación posterior se hace partiendo de una serie de argumentos que nos otorgan otros medios. En este caso nos apoyaremos en el tarot y su relación numérica hasta el número 22, donde termina efectivamente la segunda ecuación en la transformación etérea de la Luz.

Por este motivo los he llamado "números secundarios", porque amparados en las figuras del tarot revelan la segunda ecuación, aquello que ocurre luego del primer misterio con lo que se logra comprender qué le ocurrió a la Divina energía del YO SOY, Jesús, luego de su crucifixión.

En adelante no nos basaremos en el dibujo del número como hasta ahora se había hecho, sino que seguiré la segunda fase basado en toda herramienta que esté a mi alcance para poder hablar de los misterios en sentido figurado.

Se da entonces inicio al segundo proceso: la transformación etérea.

## El número once

Este número se relaciona con el arcano once del tarot: la Fuerza.

Ahora viene una importante aclaración muy valiosa desde todo ángulo, y yo, que soy autoridad ante estos misterios iniciáticos, estoy en la obligación moral y espiritual de corregir lo que no se encuentre en coherencia con esa energía. Aquí tenemos un caso de esos.

Seguramente a algún "genio" que se inspiró en crear su propio tarot, y tras este el género de incautos que repitieron lo mismo, se les ha dado por cambiar el orden entre la carta ocho del tarot (**La Justicia**) con el de la carta once (**La Fuerza**). Sin ningún criterio real ni un razonamiento lógico han venido cometiendo un grave error que puede desviar el curso interpretativo de los misterios iniciáticos, algo tan cuidadosamente conservado desde la antigüedad por los sabios de todos los tiempos.

¿Basado en qué? No lo sé, pero ya vimos antes y para quien haya quedado claro que la carta ocho cumple con un importante papel dentro del proceso de la primera ecuación, y consecuentemente se encuentra en orden dentro del esquema interpretativo, pues es en ella donde se da el proceso de la fermentación, nunca comparable ese proceso con el de **La Fuerza**.

Por consiguiente es menester corregir esta equivocación para que los misterios se conserven de la mejor manera. Ordenar esto resulta una prioridad dentro del sendero del conocimiento de la ciencia de los dioses. Es mi obligación dejarlo en claro respetando el buen curso de la misión que cumple este sistema milenario al servicio interpretativo de los mánticos, y al servicio sagrado de las Jerarquías en pro de ayudar a aquel que busca ser libre en el amor y la voluntad de su espíritu.

Ahora sí puedo conducir mi atención a describir lo relativo a la carta once que es La Fuerza.

En esta carta nos encontramos con la figura de una dama abriendo tranquilamente las fauces de un león. ¿Lo haría usted?

Si lo vemos con la objetividad de un proceso mundano, sabemos que ni aun un hombre de músculos prominentes se atrevería a tal desafío, salvo que sea este un domador de fieras y eso requiere de mucha preparación. Nuestra dama lo hace con tal sutileza que parece increíble. Ella acaricia al León.

Bizzet, cuando expuso su monumental ópera *Carmen* a finales del siglo XVIII, recibió la chifla de sus críticos por mostrar en ella a una mujer fuerte, dominadora de la voluntad de los hombres en una época privilegiadamente machista. ¿Cuál sería la reacción de la gente en la época en que surgen estas cartas al encontrarse con el arcano once que muestra a una mujer poderosa en una época tan convencionalmente machista y conservadora?

Ahora pasemos a la interpretación de esta figura. El León siempre ha estado ligado a la energía del signo zodiacal Leo. Al analizar a esta mujer con ojos interpretativos podríamos relacionarla con una energía femenina que se acerca dulcemente a la poderosa fuerza simbolizada en el León.

En los misterios cristianos se narra que Jesús llegó al monte de la calavera acompañado por la multitud y en especial por las tres Marías (Madre, Magdalena y Salomé). Ellas no se despegaron de la Cruz hasta obtener el cuerpo de Jesús el Cristo. Estas Marías están relacionadas con el Cristal del Cristos.

Podemos analizar que la crucifixión fue precedida de un intenso aguacero con truenos, rayos y centellas. En las corrientes del cristianismo esto se da a conocer como la ira del Señor nuestro Dios.

Como vemos, el número once en efecto está resguardando un paso importante dentro de los misterios iniciáticos, lo cual resulta importante resaltar y no es algo que se deba confundir de ningún modo.

En el antiguo testamento también hay procesos iniciáticos, los cuales sirvieron a los cabalistas de muchas épocas para comprender la sabiduría Divina.

Hagamos un repaso de esto.

El pueblo de Israel era prisionero del pueblo egipcio (arcano 8) que se encontraba al sur del JordAn (IOA). Estos eran los esclavos del imperio. Surge un salvador llamado Moisés, que significa: "Salvado de las aguas".

Este poderoso mago libera a su pueblo y lo conduce al Norte, a un lugar que Jehová (ieoua) le ofrece como la Tierra prometida. Allí llegaron de la mano de su hermano Aarón, porque Moisés muere al ver la Tierra que Jehová les prometió. Este es el Éxodo de los israelitas por el desierto.

Para Tolkien esto se relaciona con la llegada de FrOdO y Sam a MOrdOr y con el acto de arrojar el anillo de poder al fuego de la montaña del destino. Con este hecho termina el poder del Sr. oscuro Sauron y comienza una nueva vida, una nueva etapa para todas las razas desde la Tierra Media. Es interesante ver cómo todo el imperio de Sauron desaparece por causa del fuego tras esta conquista.

Cabe anotar que los arcanos 11, 12, 13 y 14 se encuentran estrechamente relacionados, como describiendo los detalles de una obra con el mismo principio. Nos describen de algún modo el arribo de la energía a la montaña iniciática. En ellos es fácil descubrir qué es lo que se debe operar allí en el Giolgota con Jesús, Dimas y Gestas, o en la montaña del destino con el rescate de FrOdO y Sam con ayuda de las águilas.

El número once se reduce cabalísticamente al número dos, dado que 1+1=2. Por consiguiente, el 11 guarda una estrecha relación con este número raíz.

Una persona influenciada por el número once indirectamente está relacionada con el dos que es su número raíz, guardando en esencia principios de este número. Asimismo el número 20 tiene también por raíz al número dos.

## Interpretación mántica del número once

Representa a una mujer influyente, poderosa y versátil. Indica poder por medio del diálogo y la sutileza, nunca por la guerra. Es el fin de confrontaciones y situaciones hostiles para abrir paso al diálogo y la paz. Trata acerca de todo aquello que se alcanza con perseverancia en el mayor estado de prudencia y silencio.

Este número es propio de personas que alcanzan sus logros de modo discreto, controlan cualquier situación con paciencia y a la espera de realizar sus logros, como la débil gota de agua que poco a poco labra un hoyo sobre la roca.

Este número otorga fuerza y poder a una mujer, pero es debilitante para un hombre. Si una mujer al nacer vibra con este arcano será una dama que alcanzará sus metas gracias a sus virtudes. Se hará influyente sobre el género masculino.

Si un hombre es poseedor de este número será víctima de la sutileza femenina, las mujeres alcanzarán siempre sus propósitos sobre él, aun cuando estos tengan dirección contraria a los suyos. El número 11 hace a un hombre pacífico, recatado y prudente.

## El número doce

Nos encontramos ante un número que tiene connotaciones astrológicas, bíblicas, místicas, alquímicas e iniciáticas.

Desde el punto de vista astrológico, sabemos que las doce constelaciones zodiacales están representadas por este número. En astronomía sabemos que estamos inmersos en un cúmulo de 88 constelaciones, pero son estas doce las que tienen relación directa con el ecuador celeste. Este ecuador celeste es por donde se desliza la esfera terrestre alrededor del astro Rey. Esto también le ocurre a los demás planetas que giran alrededor del Sol en un mismo plano.

Sobre ese plano a la distancia se encuentran las constelaciones de: Aries, Tauro, Géminis, Cáncer, Leo, Virgo, Libra, Escorpión, Sagitario, Capricornio, Acuario y Piscis.

Estas doce fuerzas también vibran potencialmente en nuestra aura y al precipitarse al mundo físico, como ya lo hemos visto, se convierten en doce poderosas sales consideradas por los alquimistas como parte del preparativo de las sagradas sustancias que se depositan en el Santo Grial, proceso ya relatado a lo largo de esta obra.

En la Biblia, tanto en el antiguo como en el nuevo testamento, nos encontramos reiterativamente con este número sagrado.

En el antiguo testamento existe una descripción acerca de doce piedras sagradas que se relacionan con las doce fuerzas inherentes a los misterios que acompañan al hombre en su realización. Además se hace mención a las doce tribus de los hijos de Israel.

En el nuevo testamento tenemos doce discípulos acompañando al Sagrado maestro. En el Apocalipsis también se menciona este número cuando se describe en el capítulo 21 a la Santa Jerusalén y a sus doce puertas de entrada con doce ángeles custodios.

Sin embargo, para los misterios es necesario considerar a este número desde distintos criterios. Si bien representa la reunión de las doce sales que parten desde el aura hasta formar la cristalina sustancia de la Luz, también relaciona al doceavo paso en el proceso que hemos venido tratando y que ha sido narrado por los arcanos mayores del tarot. Vale la pena tener en cuenta la diferencia entre estos dos conceptos para no confundir esta secuencia.

Habiendo hecho esta aclaración, me dedico a narrar lo relacionado a la zona de acción del arcano 12 en el orden que traemos.

Este arcano representa un importante momento en el sagrado proceso. En ocasiones se hace difícil de descifrar aun hasta para el más avisado.

En el arcano doce del tarot encontramos a **El colgado**, una figura que nos muestra a un hombre colgado de un solo pie desde un travesaño horizontal y realizando la pose del pie cruzado que ya habíamos visto en **El emperador**, como indicando que se trata del mismo individuo, despojado de su cargo y fuera de su reino a voluntad.

En otros tarots se conoce a esta carta como **El sacrificio**.

Entre los nórdicos, los mitos narran que para alcanzar los misterios que enlazan el sagrado lenguaje de las runas secretas, Odín, el padre de las runas sagradas, se colgó durante nueve días con sus noches en el árbol del Igdrasil, al que no se le conocen sus raíces. Con esto entenderemos que este ha sido un evento de suma importancia dentro de los misterios iniciáticos para las diferentes culturas. Nosotros tenemos este mismo misterio con el sacrificio de Jesús en la cruz.

Pero ¿a qué tipo de sacrificio se refiere este arcano?

La materia debe morir para dar libertad al espíritu. Es un hecho que esto debe ocurrir para que la esencia sagrada sea libre. No se tome esto de forma literal, pues cualquier mala interpretación en mentes ingenuas podría conducir a masivos suicidios.

Cuando hemos tratado acerca de la cruz, dejamos claro el hecho de que la Luz se materializa. Aquí se hace todo lo contrario, es necesario que la Luz pierda su materia. Como cuando el espíritu abandona el cuerpo que le ha servido en una vida como vehículo material.

El hecho de que **El emperador** se cuelgue de un pie quedando de cabeza simboliza el sacrificio de estos cuatro elementos que lo representan, retirando la materia para liberar la Luz. De esto se trata realmente el sacrificio.

Nuestro cuerpo nos enseña en su interior el mensaje del sacrificio. Esto mismo es lo que hacen nuestros linfocitos, glóbulos blancos, macrófagos y demás componentes de nuestro sistema inmunológico: mueren en batalla para protegernos.

Jesús ofreció su cuerpo y su sangre por nuestra redención y así lo cumplió llevando su cruz hasta el Gólgota. Allí se entregó en las manos del Padre, despojándose de su vehículo material. Sacrificó su vida por amor para postergar estos misterios que nos conducen al reino que Él nos enseñó.

El número doce nos narra la acción de desprenderse de la forma material para alcanzar la espiritualidad.

Este despojo de lo material en nada debe confundirse con el abandono de sus pertenencias. Ya fueron suficientes dos milenios de abusos por parte de grupos religiosos que se aprovecharon en otras épocas de la ingenuidad humana, amparados en el criterio de la salvación.

Tolkien relaciona el sacrificio con el momento de arrojar el anillo mágico al fuego de la montaña del destino y a la lucha interna de FrOdO por conservarlo. Al final involuntariamente gracias a Gollum el anillo fue destruido.

Veamos lo que sucede en el plano mental con este número.

El 12 se relaciona cabalísticamente con el número raíz 3, puesto que 1+2=3. Por tanto los arcano 12 también tienen la connotación de su número raíz y una interacción más con el número 21 que en adelante veremos.

## Interpretación mántica del número doce

El número doce se interpreta como el número de los sacrificios, de esforzarse sin esperar nada a cambio por el provecho de alguna circunstancia. Es el número de los colaboradores, los socorristas y los servidores.

Es muy común encontrar que los arcano 12 son personas permisivas y complacientes, quienes en ocasiones prefieren cargar el agua ajena por vergüenza a que otro se sienta comprometido.

Es un número de renunciación, invita a entregar lo propio para beneficio de otros.

Los que presentan este número en algún aspecto de su estudio numerológico[13] están comúnmente muy entregados a los demás, por lo que deben cuidarse de ser utilizados por los abusadores que astutamente saben comprometerlos.

Deben combatir el temor a decir "no" sin pecar en todos los casos de egoístas.

Como resultado de una consulta, el 12 se relaciona con situaciones que requieren esfuerzo continuo, dedicación y perseve-

---

[13] Esto se estudia en el capítulo que trata acerca del método numerológico.

rancia. También nos indica que se va por la vida sin considerar la productividad propia por pensar en la productividad ajena.

## El número trece

El arcano número trece del tarot es **La muerte**. Sin embargo, esta muerte no se refiere explícitamente a la muerte de alguien o a la de uno mismo.

Este es un número que causa terror entre algunas personas. En los Estados Unidos es común ver que los edificios no tienen piso 13, saltan del 12 al 14.

Pero entendamos que la muerte siempre es una transformación. La esencia espiritual hace un abandono del cuerpo físico para entregarse a otros mundos más sutiles, donde la vida se vive desde la libertad esencial de la Luz.

Son muchos quienes temen a este evento, el cual es un paso necesario en la vida de todo ser vivo. La muerte es el acto de abandonar un cuerpo normalmente viejo para ingresar a otras esferas donde esencialmente continúa la vida.

Y es que la vida en esta nueva dimensión ya no requiere de la materia física para su desenvolvimiento, pues esta materia la hemos sacrificado ya en el pasado arcano 12.

Jesús muere en la cruz y nos enseña que existe vida después de la muerte, una vida real, libre y sin las privaciones de la carne. Mediante la muerte le fue posible arribar a la morada celestial donde lo esperaba la Luz del Padre. Sin embargo, antes hubo de pasar por algunos procesos que se conocen como la transmutación de las sustancias. *Trans* porque se transporta y *mutación* porque cambia en su camino.

Esta muerte significó para ÉL un nuevo inicio en otros mundos, nuevos procesos y una nueva vida en el reino de los cielos, el mismo que prometió a su compañero de crucifixión. La nueva vida fue entonces el paso a través de la muerte.

El Cristo ha muerto y la esencia pura del Yo soy ahora existe en el mundo de lo Divino y verdadero, en la esencia de Dios, aun cuando todavía no arribe a la morada Celestial.

Las nuevas vivencias se presentan ahora en un plano más sutil que el de la materia. Por ello el Divino maestro hubo de entregar su cuerpo en sacrificio para alcanzar este sagrado principio de encontrarse con la energía Universal de la Luz del Padre, y para salvar la humanidad y conducirla al *reino de la Luz*.

Al acaecer este evento de la muerte en la cruz, un fuerte viento con tormenta sacude el lugar de la crucifixión. En realidad es de suma importancia comprender la razón de esos aires impetuosos. ¡Que el discípulo encuentre su clave en ello!

Lo extraño es que este viento arrecia después de que el Cristo muere ante un Sol pleno de tarde, justo a las 3 p.m. Ya sabemos que el número 3 tiene un especial simbolismo cabalístico.

Muere el Cristo y avanza el Yo soy.

Para Tolkien la muerte de Sauron representa esta muerte de la materia, el momento en que se vive en una nueva Tierra sin temores ni terror. Un nuevo mundo florece en la Tierra Media y el júbilo de libertad se abre paso por toda la extensión de las tierras antes gobernadas por MOrdOr.

En la mayoría de los tarots, el arcano trece se presenta como un esqueleto que porta consigo una hoz y va degollando cabezas a su paso. Es la figura más cercana que invita a pensar en la muerte.

Es en la figura de Cronos o Saturno, el cegador, donde encontramos la hoz dentro de los mitos griegos. Cronos representa la materia física. A este dios se le atribuye el poder sobre el tiempo y con la muerte de la materia muere también el tiempo.

Como comprenderás, "es necesario morir en Cristo para hallar la salvación de las almas". Esto que siempre ha sido una máxima de los misterios cristianos fue, y aún continúa siéndolo, un motivo de manipulación en la fe para quienes han abusado y abusan de la ingenuidad de la mente humana. Es necesario estar atento, pues el huracán de las confusiones acecha al paso para cegar nuestra voluntad de retornar a Dios. Jesús nos prometió un sagrado reino y ya nos dimos cuenta de que existe el camino para llegar a él.

El número 13 tiene por raíz al 4, por lo que existe una familiaridad con este. Por consiguiente, la muerte o el 13, al poseer por raíz al **Emperador**, quizás indique esotéricamente que este mismo morirá para pasar a una vida más sutil.

En lo mental, las personas que presentan en algún aspecto la influencia del número 13 guardan en su seno algo de seguridad al inicio de sus proyectos y se convierten en conservadores de sus iniciativas.

Es claro que la muerte es un inicio, se muere aquí para vivir allá. Por esta causa el número 13 se relaciona con la muerte de algo viejo o con el inicio de algo nuevo. Estas dos consideraciones deben tenerse muy en cuenta cuando se trata de la energía del 13.

Ahora, la interpretación mántica de este número.

### Interpretación mántica del número trece

Se interpreta como el inicio de nuevas empresas, comienzo de nuevos asuntos, muerte de antiguos conceptos, empresas o situaciones para nacer en un nuevo tiempo más provechoso.

También es el número que relaciona la muerte, no siempre significando de plano que la persona que consulte se va a morir, todo depende del conjunto de números que lo acompañen (por ejemplo el 16 o el 18).

Un individuo regido por este número persiste en el anhelo de cambiar hábitos y renacer dentro de sus propios cimientos. Es alguien que cree en sí mismo y tiene la convicción de que las cosas se pueden forjar. Son personas algo determinantes y radicales, pues consideran que ante cualquier situación o se es frío o se es caliente. Son seres que cortan de raíz con lo que no es sano o se empeñan totalmente en alcanzar aquello que buscan.

## El número catorce

El arcano de **La Templanza** respalda al número catorce.

Hay algo interesante con respecto a este arcano en el tarot de Iglesias Janeiro. Él dibuja esta carta con un Sol a las espaldas de la dama, pero hay que notar que es un Sol con rayos hacia arriba y, a decir verdad, ya con este hecho el misterio de este arcano queda claro.

En el tarot de Marsella se observa un ángel; en otros, una dama, realmente es una figura andrógina, pero es aún más reveladora la imagen que presenta Iglesias Janeiro en su lámina.

Crowley, en su tarot, presenta este arcano con una mujer doble y cruzada. Allí vemos que un lado de esta mujer es una morena que tiene **corona dorada** y un brazo blanco, el otro lado es una mujer blanca que tiene tanto la corona como el brazo de color bronce. De todos modos es una figura andrógina la que viene a representar esta carta, puesto que allí hay un cambio de polaridad importante. Presta atención porque allí aplica la ley del magnetismo que dice que "los opuestos se atraen". En otras palabras, "la mujer busca a su hombre y el hombre busca a su mujer".

Esto se encuentra de igual modo representado en la simbología de la lámina de Libra del cuadro de Joprha. Aunque, a decir verdad, las tres láminas de los signos de aire en la versión de este artista están relacionadas con el misterio de este catorceavo paso.

Un grande como Da Vinci plasmó en su Gioconda y en las imágenes que nos dejó de Jesús una pauta para comprender al andrógino. Ahora nos internamos a tratar de comprender acerca de qué es aquello que simboliza este andrógino o ángel, como quieras tomarlo.

Resulta que en todos los tarots, salvo en el de Crowley, este andrógino pasa un líquido de un jarro a otro sin que nada se derrame, dando a comprender el justo paso, la justa medida sin desperdicio alguno.

Pero eso de los dos jarros me hace pensar de nuevo en los misterios cristianos al momento de la crucifixión y en los compañeros de pena que tuvo Jesús.

Siempre vimos que el Divino Maestro estuvo luminoso y radiante en el centro de los dos ladrones, incluso le prometió al de la izquierda que lo llevaría con él al reino de los cielos. Detallemos este evento: había dos ladrones, uno grosero a su derecha y otro noble y arrepentido a su izquierda. Fue a este último al que le dijo que juntos estarían en el paraíso. Esto es tan claro en la lámina que Huiracocha presenta en su obra *Rosa esotérica*, que es bueno estudiarlo en detalle.

Parece que a nuestros dibujantes de tarot no les fue bien en las clases de física, pues sabemos que a todo líquido lo afecta la gravedad y, en la práctica, para pasar agua de un jarro a otro es necesario que uno de ellos esté encima del otro. Sin embargo, en la lámina vemos los dos jarros al mismo nivel y al agua corriendo horizontalmente, lo cual es muy extraño.

Pero este hecho es claro si lo analizamos desde la perspectiva de la simbología. Es fácil notar que no se trata de agua normal, sino de *agua de vida* que ya no es líquida, es etérea. ¡Habíamos visto ya la muerte con el número trece! Bien, he aquí que todo vive ahora en otro estado, entonces el agua ya no se derrama porque no pertenece al mundo de la materia, sino al del espíritu. En ese mundo sutil todo se puede porque nada está sometido a las reglas de la física, estas existen solo para el mundo material.

Volviendo a Joprha, encontramos una balanza en su lámina de Libra. En un extremo de esta se encuentra Isis vestida de amarillo oro (el color Solar), y al otro extremo se encuentra

Thot[14], quien está vestido en tonos azules y grises, con las serpientes a su alrededor y la cruz Anzata en su mano, como indicando que a él le correspondió la materia y a ella, el oro filosófico.

En la parte inferior de la lámina se observa el cubo que habíamos visto en la carta del Emperador, pero ahora este mismo cubo se encuentra cristalizado y con una rosa encima, no dentro, pues ya la energía es libre.

Realmente esta lámina es una fuente inigualable de información espiritual, allí hay más cosas por ver, más de las que pudiese exponer aquí, pues tengo límites al tratar de estas cosas.

También la lámina de Géminis nos regala una rica información. Es importante analizar que en la columna izquierda se encuentra el Loco portando la *rosa* en su mano. No debe obviarse el hecho de que él se encuentre de ese lado de la lámina. En el lado derecho podemos ver a una dragona y así comprenderemos que esta es otra lámina enriquecida por los misterios iniciáticos.

Volviendo al tarot de Crowley, observamos a esta dama andrógina cociendo en el Fuego Sagrado. De un lado vemos al león blanco y del otro lado al águila roja. Debería ser al contrario ¡verdad!, pues en alquimia se conoce a este león como rojo y al águila como blanca. Pero esto era así cuando estuvimos en los dominios de escorpión, ahora es diferente y esta inversión parece indicarnos que de tal modo puede existir un equilibrio. El vestido de esta dama es verde como el color de Venus. Es así como este insigne maestro nos invita a pensar en este misterio. No puede escapar a nuestra vista la lectura que existe alrededor del huevo áurico de esta lámina.

Saliendo un poco de los tarots, veamos cómo interpreta Tolkien este paso. En su obra fue ingenioso al salvar a FrOdO y a Sam del fuego que abrazaba las rocas. Esto con la ayuda

---

[14] Isis y Thot, deidades egipcias, Isis diosa, Thot dios.

de las águilas que los llevaron en vuelo de salvación. En cierto modo, las alas de las águilas guardan una concordancia con las alas del ángel de otros tarots.

Con lo visto nos es posible deducir qué fue lo sucedido con Jesús inmediatamente transcurrida su muerte. Efectivamente fue por su compañero de la izquierda para llevarlo al *reino de los cielos* tal como se lo había prometido. De esta forma equilibró la balanza (Libra), pues dejó su cuerpo al cuidado del mundo.

En el trabajo iniciático del maestro Huiracocha se encuentran todas las prácticas que desarrollan los sagrados misterios para el pueblo latinoamericano, mas cuidado con realizarlas sin una preparación previa. No sea que lo sacuda su propio Karma personal.

El 14 se reduce cabalísticamente a 5, **El sacerdote**, por lo que guarda correspondencia con este número raíz. Por tanto los del justo uso, los del justo equilibrio, también son buenos administradores y buenos guías, sin exageraciones ni vacilaciones.

### Interpretación mántica del número catorce

Es el número de la justa medida, del ahorro, de la compensación y del justo uso, sin exageraciones ni limitaciones, lo justo y equilibrado, lo conductista, lo ordenado y proporcionado.

Como resultado de una consulta se dice que las cosas son equitativas, que se obra con orden y en justa medida, con exactitud y equilibrio. También habla de severidad y uso lógico, razón objetiva, sin contemplaciones ni tiranías.

Los nativos de este número son normalmente equitativos, ahorrativos y no exageran en sus acciones ni se desgastan en azares de la vida. Acostumbran ir hacia lo concreto y lo ordenado sin exigirle a la suerte más que la bienaventuranza en lo que se proponen. Son buenos árbitros en cualquier evento, jueces sin contemplación. Para ellos toma valor aquello de: "¡A Dios lo que es de Dios y al César lo que es del César!".

No es un número para pensar en derroche, sino para establecer la igualdad, la balanza y el equilibrio en todo sentido.

El número quince

Este número tiene su correspondencia con el arcano 15, que en los distintos tarots se conoce como **El diablo**. Iglesias Janeiro le atribuye el nombre de **La pasión** en su tarot egipcio.

¡Oh, sorpresa!, habíamos dicho que el tarot es sagrado y ahora tenemos que estudiar a esa figura arquetípica e indeseable con la que nos han atemorizado en los últimos milenios.

Son muchas las personas que le toman aversión al tarot por contener cartas como **La muerte** y **El diablo**. Si no los atemoriza la esquelética figura con la hoz, de seguro los espanta la figura del diablo.

Antes de entrar en explicaciones acerca del significado oculto de esta carta, ubiquémonos en la historia de esta figura mítica para desdeñar el arquetipo que tenemos incrustado en nuestra mente y así dejar de aterrorizar nuestras almas ante tal figura.

No con esto desconozco que exista la maldad lastimosamente tan impregnada en el alma humana. Intento decir que no existe tal forma demoníaca como nos la impusieron mediante estrategias de temor. Sí existen entidades horrendas en el plano de lo sutil, pero toman esas formas indeseables porque saben que pueden ocasionar impresiones fuertes a todo aquel que se le presente. Con esa fachada logran abrir la puerta del miedo, el acceso a la débil mente humana.

Los griegos veneraron mitológicamente la figura del dios Pan como artífice representativo de nuestros bajos instintos animales. Lo mitificaron como el ente que deambulaba por los bosques seduciendo a las ninfas para cortejarlas y llevarlas a tener sexo con él. Realmente esta figura se hizo para representar nuestras pasiones heredadas del animal que encarnamos y que ha evolucionado hasta convertirse en humano, en algo así como un "humanimal", también simbolizado por el Centauro.

Este dios Pan tenía aspecto animal, con patas de lobo, cascos de vaca, cuernos pequeños de toro y rostro humano. Se le atribuyó, como dije antes, ser la deidad del placer sexual, pues todos los animales involucrados son realmente instintivos.

En casi todas las culturas existe una entidad del mal, algo así como el encargado de sabotear el plan divino. Seth para los egipcios, Ahriman para los persas, Loki para los nórdicos, Samael para los judíos. De seguro que en cada mito encontrarás esa figura relacionada con la fechoría y en contraposición con el propósito divino.

Más adelante surgen las ideas judeocristianas que rechazaban la sexualidad e invitaban al celibato como una norma para alcanzar la realización espiritual. En la cristiandad se populariza la creencia de un ser con cachos y cola con condiciones perversas al que denominaron diablo.

En la Edad Media hubo un evento que escandalizó a la comunidad católica europea en pleno auge del ciego fanatismo cristiano. Esto fue para la Iglesia Católica y sus mezquinos intereses una oportunidad para dar un golpe bajo y destructivo a los caminantes del real sendero.

En una de las incautaciones que hizo la Inquisición a los maestros del templo, los Templarios, se encontró entre estos una figura extraña, la que inmediatamente fue censurada por la Iglesia como la figura de Satanás.

Realmente lo que había allí era la figura pintada del Baphomet, una imagen con la siguiente descripción: cuernos de toro, cabeza de asno, patas de asno, cuerpo andrógino de humano (el lado izquierdo de mujer, el derecho de hombre) serpientes en sus piernas y una posición hermética en sus manos con la inscripción "Solve et coagula": disuelve y coagula.

## Dios y la verdad escrita en números

El significado de todo esto lo entrego en otra de mis obras. Debo decir que esta figura mítica fue hecha para representar la condición humana y veamos cómo: las formas de asno representan nuestra naturaleza animal, los cuernos de toro, el sonido, pues en la antigüedad eran utilizados para generar sonidos, el pecho de hombre y el de mujer en el torso de humano representan nuestra condición andrógina y las piernas en forma de serpiente aluden a las energías sexuales. La posición de los brazos del Baphometh está en relación directa con el simbolismo del compás y la escuadra de la simbología masónica, o con la estrella de seis puntas de la cultura judaica.

Todo este simbolismo escondido tras el Baphometh está en íntima relación con lo que simbolizó el dios Pan para los griegos. Pero esto en la época del fanatismo peligroso fue la oportunidad que tuvo la Iglesia Católica para desarticular una poderosa Orden de misterios iniciáticos como lo fue la Orden de los Templarios.

Desde allí se ha venido promulgando esta figura dentro del cristianismo para producir temor y con este el control emocional de las masas. Más adelante el mismo pueblo lo dibujó como la figura roja con cuernos, aquella que a muchos nos atemorizó desde la infancia.

No se debería atiborrar a los niños con esas ideas dañinas. ¡Sería bueno que la humanidad se liberara de la estupidez!

Una vez barrido el preconcepto acerca de la "aterrorizante figura" con la cual se jactaron propagando un terrorismo espiritual, es importante entrar en materia de estudio para entender lo inherente a este paso en el proceso de la Luz.

Iglesias Janeiro, por otra parte, en su tarot egipcio acude a la deidad egipcia Seth, hermano de Osiris, quien lo asesina por envidia y que representa esa misma condición animalesca que llevamos en nuestro patrón celular. Su figura es muy similar a las que hemos venido estudiando: tiene cuernos de carnero y rostro de animal En este tarot se le llama La pasión.

Crowley nos muestra en su tarot a esta figura como un carnero blanco, lo curioso es que en la parte inferior del dibujo hace alusión al proceso celular de la metafase. Resulta fácil relacionar esto con las almas humanas. Al fondo puede observarse un tronco fálico coronado por un anillo.

Todos estos argumentos simbólicos hacen notar que existe una fuerza poderosa que se asemeja a la combustión en el motor de un auto. Sin dicha combustión o estallido no hay motor que genere una fuerza.

En la fe cristiana nos encontramos con algo profundamente cuestionable y es que en los evangelios no se dice que Jesús haya ido a los infiernos, pero en el credo cristiano curiosamente se dice que "descendió a los infiernos y al tercer día resucitó de entre los muertos". ¿De dónde salió tal aseveración? No lo sé. Lo cierto es que luego de su muerte se dice que estuvo en el infierno. ¿No habíamos quedado que había ido al reino de los cielos? Ahora estudiemos eso de que resucitó de entre los muertos. ¿Quiere esto decir entonces que los muertos van al infierno? Bien, no es mi interés entrar en controversias para ingenuos, ya hay quien se ocupe de eso y no es mi intención engrosar esas filas. Lo cierto es que después de la muerte de Jesús, como ya vimos, sobrevino la "ira del Señor", hecho que se asemeja al misterio que entraña este arcano quince.

Pero analicemos eso de "la ira" del Señor.

La ira es un sentimiento, una emoción descontrolada que se agita en nuestros corazones provocando aceleración sanguínea, sobre exaltación, velocidad de reacción y movimiento de adrenalina en nuestro organismo. Bien sabemos de dónde surge la adrenalina ¡verdad! Quizás eso explique totalmente lo relacionado al arcano catorce y quince, pero de igual modo este diablo está relacionado con el instinto que produce también los mismos fenómenos físicos que la ira. He ahí el porqué de que unos lo llamen la pasión y otros el diablo, es lo mismo, o sea la misma "ira del Señor". Lo importante es que acelera el organismo, ya cada cual invéntese como acomodarse a esa ira.

Pero esta ira es transformación, pues motiva el fuego volcánico de nuestro ser interior, agitando nuestro germen de vida que aunque ahora es etéreo, le espera un largo viaje hacia el reino de los cielos. Es como si dijéramos que "el diablo empuja hacia Dios".

Ya me han llamado la atención mis sagrados gurús por lo que debo ser más cauto en mis explicaciones, pero de igual modo ya todo lo referente a este arcano está dicho.

Ahora me corresponde la atribución que tiene este número en los planos de la mente.

Interpretación mántica del número quince

Este número está relacionado con la ira, los pleitos y todo sentimiento que vincule al ser humano con sus instintos primitivos: el placer, la pasión, el sexo, la envidia, la competencia y otros.

Todo aquello que agite nuestras emociones de forma instintiva está relacionado con este arcano.

En una interpretación numérica se entiende como problemas que pueden desencadenar en profundas contiendas, guerras o conflictos presentes o venideros. Si está cerca de algún número que relaciona el amor, por ejemplo el número seis, entonces se interpreta como momentos pasionales.

Los individuos regidos de algún modo por este número deben ser cautelosos ante su impulsividad, pues corren el riesgo de ser movidos más por el instinto que por la razón.

Los número 15 son por lo general ágiles y dinámicos, de soluciones prontas, de poca reflexión y escasa paciencia.

Los nativos del 15 tienen por raíz al número 6 (1+5=6), por lo que la pasión y el sexo se ligan a este número llevándolos a un *sex-appeal* prominente, como también a involucrarse aquí y allá en aventuras. Pueden llegar a ser prisioneros de sus instintos sexuales. Su número raíz 6 trae la indecisión a la vida de estos nativos.

Los influenciados por el número 15 deben controlar sus iras y sus instintos, porque de otro modo estas energías los controlarán. Es importante para ellos cultivar la tolerancia. La meditación, los ejercicios respiratorios y el aire libre pueden desacelerar el ritmo incesante de los número quince. Para alejar represiones los deportes extremos o disciplinas como el judo o el karate son de mucha utilidad. La gimnasia les permite liberar energía extra.

### El número dieciséis

Este número se encuentra representado por el arcano 16, **La torre**.

Tengo un amigo que se dedica al comercio y siempre huye de la influencia de este número. Me causa gracia puesto que continuamente me está preguntando cuál día tiene esa vibración para no realizar ninguna acción importante. Creo que mi estimado y buen amigo creó una paranoia hacia el 16. Debe ser porque entre el gremio de los sabidos en tarot y numerología se interpreta este número como el de los fracasos y las desgracias, la caída de lo más alto. Pero veamos qué tan nefasto es.

Comencemos por los misterios cristianos.

Dentro de lo último que se le escuchó decir a Jesús en la cruz fue que se iría al reino de los cielos, pero resulta que al tercer día deambulaba entre los vivos y es algo que se nos enseña desde pequeños como *la resurrección de Cristo*. ¡Error!, puesto que el Cristal ya se transformó, quien resucita es Jesús, la esencia pura y viva del YO SOY. Pero entendamos que el divino maestro no mintió, realmente fue al reino de los cielos, llegó hasta muy alto donde se encuentran las zonas del equilibrio transformando su esencia en energía.

Ya como tal, hecho energía del Verbo Divino, hubo de precipitarse como un rayo hacia la Tierra. Allí se encontraría con la humanidad que antes lo acompañó y unos discípulos abatidos y tristes, pero con fe. Al *tercer día* la esencia Divina del YO SOY se presentó ante ellos de un modo sutil, como testimonio de vida eterna, trayendo consigo la verdad y la realidad de una verdadera vida.

De acuerdo, pero no pasemos por aquí sin pensar en los detalles.

Primero apareció ante María Magdalena, quien fue a visitarlo al huerto del sepulcro donde se supuso que hallaría sus despojos, mas al acercarse un ángel le anunció que el cuerpo de Jesús ya no estaba allí. Recordemos que en algún parámetro de esta obra expuse lo que simboliza María.

¡El YO SOY resucitó! Y lo hizo en domingo, día del Sol.

Tan real fue este hecho que uno de sus discípulos, Tomás, dudó ante su etérea presencia. Mas Jesús, en su infinita bondad, le pidió que le tocara sus heridas para demostrarle que era real todo cuanto veía, que no era una fantasía ni una vacilación de su imaginación.

Jesús, convertido ahora en la esencia libre del Yo Soy, no estaba presente en un cuerpo físico, se presentó en uno sutil construido por la Luz de la transformación.

El número 16 narra todo este proceso que acabamos de ver en los misterios cristianos.

En la cábala que describe el tarot a través de sus figuras puede verse a unas personas cayendo desde una torre fulminada a causa de un rayo.

Pero qué interesante resulta estudiar las metafóricas intenciones de los iniciados de la antigüedad a través de esta figura. Es claro que para caer de una torre primero hay que subir a ella. Estamos ante una importante pista que argumenta el curso que toma la Luz y con el que puede comprenderse este arcano.

Un rayo los hace caer. Los rayos son formados por descargas eléctricas y ya con esto es fácil desentrañar el misterio de este paso del proceso alquímico.

Recordemos que en las mitologías tenemos dioses para este evento. Zeus descarga sus rayos desde el Olimpo y Thor, que viene a ser la misma energía en otro mito, es el dios del trueno a quien se le atribuye el Thurs-day.

Ahora, si los individuos se desploman, obviamente irán a caer al suelo que es la tierra, o sea que se desploman desde lo alto de la torre hacia la tierra.

Esto puede significar un fracaso en el propósito de quienes la ascendieron, pero en realidad lo que ocurre es una nueva transformación de la energía. En mi opinión, esta caída no es más que la antesala de un resurgimiento, es caer para levantarse con una mayor potencia. Aquí es donde toma valor el mito griego del ave Fénix que renace de sus propias cenizas y se alza hacia lo alto. Sin embargo, en este arcano se está convirtiendo apenas en cenizas.

En mi obra *Runas, el lenguaje de Luz,* al tratar la runa SIG doy una explicación adicional sobre este punto del proceso.

Entendamos que en los misterios iniciáticos esta caída no está relacionada con una pérdida. Es fácil ver esto con la cábala de los números, pues el 16 tiene por raíz el 7, que es el número del triunfo. Aquella frase de que "no hay mal que por bien no venga" puede integrar perfectamente la intención de estos dos arcanos.

Para retomar la idea del rayo diré que para mí es fácil ver a la naturaleza externa como una copia fiel de la naturaleza interna o viceversa, de hecho a través de los procesos del reino natural se puede explicar el desarrollo interno de la sustancia sagrada.

Hagamos unos paralelismos con la lluvia. *El Sol* calienta con su luminosidad incandescente a los mares, el agua *asciende* en forma de vapor de agua hasta cargar las nubes con partículas iónicas. En una interacción entre la ionosfera y las nubes se producen las *descargas eléctricas* que van a dar al suelo, el que también se encuentra eléctricamente cargado.

Resumiendo, sube el agua mientras va cambiando de estado y regresa otro tipo de energía relacionada con ella.

Ahora nos corresponde estudiar la interpretación mántica relacionada con este número.

### Interpretación mántica del número dieciséis

Este número narra acerca de caídas, fracasos, traumas, también del derrocamiento de imperios, de la caída de los grandes.

Para el nacido bajo esta energía indica que en su vida llegará a experimentar algunas situaciones necesarias para su alma en pro de trascender asuntos no solucionados en una existencia inmediatamente anterior. Puede significar también un simple ajuste del equilibrio kármico de la vida.

En una interpretación indica posibles obstáculos ante lo que se consulta, o caminos difíciles por transitar que requieren de la atención debida para evitar fracasos. En combinación con el quince advierte de accidentes a causa de la imprudencia.

Este número tiene por raíz el 7, lo que expresa que no todo fracaso conduce a una derrota, pues a veces en los reveses de este número hay vías que conducen al éxito y al triunfo.

### El número diecisiete

Nos encontramos ahora ante el número de las esperanzas.

¿Y precisamente es un mensaje de esperanza el que Jesús trae para sus discípulos al aparecer nuevamente ante ellos. El divino maestro les avisa que existe una nueva vida y que deben mantener las esperanzas de alcanzar la gloria de los cielos, que no deben desmayar en su propósito de elevarse hacia nuestro Gran Señor, fuente de toda Sabiduría.

En Hechos de los Apóstoles nos dice la Biblia que Jesús compartió con sus discípulos y les anunció acerca de un mundo maravilloso y de la esperanza de estar en él. Es ahí cuando les nace el coraje por predicar la palabra del evangelio que significa *buena nueva*, puesto que antes de esto se encontraban acobardados pensando que correrían con la misma suerte de su maestro.

Consideremos el hecho de que Jesús primero se apareció ante María Magdalena. En todo momento he expresado que las Marías representan la energía femenina del elemento agua. Es importante entonces considerar que de nuevo nos encontramos con el agua de la Tierra donde Jesús ya etéreo se hace presente.

En los distintos tarots nos encontramos con una mujer que riega el agua de dos cántaros sobre la Tierra. Arriba de ella vemos a una estrella que brilla airosa en un cielo luminosamente claro, como indicándole que la está esperando.

Es curioso ver a una estrella en un cielo claro, ya que estas brillan en la oscuridad de la noche, pero los distintos iniciados que pretendieron postergar este misterio insisten en dibujar una estrella en un cielo luminoso. En ello se vislumbra parte del secreto de esta carta.

Sabemos que la mujer simboliza las aguas.

Siendo un poco específicos, en el tarot de Marsella vemos a una mujer desnuda que simboliza la pureza. Ella adopta una posición iniciática empleada por los caballeros Templarios cuando iban a ser consagrados durante la Edad Media. Esta postura se conoce como la *Svasticasana*, un asana que simboliza la forma de nuestra vía láctea.

Esta mujer tiene en sus manos dos cántaros y con ellos riega sobre la Tierra un agua fluida, ondulada y sutil.

Volvamos nuestra vista de nuevo al cielo donde brilla *una estrella* rodeada de siete estrellas simples. Fijémonos bien que no es un Sol, es *una* y está indicándonos mediante su género femenino que debemos alcanzar esa estrella, este sería el siguiente paso.

Lo narrado es precisamente lo que trata el simbolismo del pelicano y sus siete polluelos dentro de la simbología rosacruz, tema que también describo en *Los tres soles y la sabiduría fiel*.

La mujer es rubia en este tarot, es decir, representa una energía especial que para los misterios de Oriente se encuentra ligada al loto dorado.

En el tarot egipcio de Iglesias Janeiro también tenemos a una mujer desnuda y esbelta regando las aguas etéreas. Es bueno observar que ninguna de estas mujeres dirige su vista hacia arriba como indicando que ellas estarán allí, que el agua se evaporará hacia las estrellas y no hacia un Sol. Los iniciados están bien claros en no colocar un Sol evaporador para no confundir estos misterios, pues aunque todo Sol es una estrella aquí no cabe la figura de un Sol.

Nótese que en esta Tierra ya no hay serpientes, lo que indica que todo se ha transformado en la faz del suelo y en su lugar existe fertilidad, prosperidad, vida renovada. ¡Ojalá esto sea siempre así en la Tierra!

En el tarot de Crowley vemos a una dama desnuda y su piel tiene un tono azulado, el color del elemento agua. Al fondo podemos observar la Tierra de color rosa. La estrella allí es de 7 puntas, lo que nos indica la relación con los siete centros.

En la lámina de Acuario de Joprha vemos este mismo hecho con el aguador, quien se encuentra regando 7 lotos con un agua vaporosa ante la mirada de Urano.

El número diecisiete tiene por raíz al 8, ya que 1+7=8. Hemos visto que el 8 es el número de la justicia y la espera saturnina y en cierto modo aquí existe algo de similitud. Sin embargo, los nativos del 17 también llevan algo del 8 consigo.

Antes vimos al 8 como la espera en un encierro para tomar luego una ruta de viaje con el número 9. Ahora tenemos el mismo caso con el 17, pero con una espera más divina que la del 8.

## Interpretación mántica del número diecisiete

Es el número de las esperanzas, los deseos por alcanzar logros, los anhelos y la fe.

Es propio de personas con un alto espíritu de paciencia y perseverancia, pues poseen una tenacidad pasiva que les permite alcanzar sus propósitos sin importar la espera en el tiempo. Son por lo general gente de fe.

En una interpretación determina espera tras un objetivo, tiempo prudente de observación y constancia, esperanza y búsqueda del propósito que se desea realizar, calma, paciencia y fe.

## El número dieciocho

Nos encontramos ahora ante el número confuso.

Este número respalda su energía en la carta dieciocho de los arcanos del tarot, **La luna**.

Para muchos, este arcano se interpreta bajo connotaciones nefastas, sin embargo es importante resaltar que su virtud radica en que guarda una importante clave para los estudios herméticos.

En este arcano del tarot se puede analizar en su figura una luna a la cual le aúllan dos lobos, aunque en mi opinión son dos perros. Este aullido simboliza el sonido de un mantram.

Regresando a la obra de Tolkien recordaremos que Aragorn, heredero al trono de Gondor, se postulaba a coronarse como un rey sin reina. Esta coronación se llevaría a cabo en Minas Tirit, la ciudad donde florece el árbol blanco. Allí recibe a la reina elfo Arwen, su gran amor. Con ella vivió luego una vida plena de felicidad, asunto que trataremos en el siguiente arcano.

Aquí lo importante es resaltar la aparición de Arwen, la mujer divina, que en este caso representa la energía de **La luna**.

En mi obra acerca de runas relaciono el significado de este número al tratar acerca de la runa Laf, cuya esencia también es femenina y gran conservadora fiel de la energía lunar en este proceso.

La luna es la fuerza femenina por excelencia, nuestra protectora planetaria. Como la energía que ampara al planeta, también es nuestra protectora. En mi obra *En el aura de Dios* ya he tratado el modo en que La luna rige nuestro vehículo astral y la regencia que tiene sobre nuestro sistema linfático. Unido esto al significado de la runa Laf ya podrás tener un juicio acerca de qué es lo que específicamente se encuentra simbolizando este arcano.

La luna representada por Arwen, hija de Elrond de Rivendell, es pieza importante para comprender la naturaleza de este número ubicado en la dieciochoava posición. Allí arribará Jesús mostrando a la humanidad que sí es posible el ascenso a la morada celestial. A esto los cristianos lo llaman el proceso de la Ascensión de Jesús al reino de los cielos, donde irá a encontrarse con el Padre de toda Paternidad, pero antes tendrá un encuentro con la gran Madre.

En los misterios egipcios encontramos a esta fuerza femenina representada por Nuit, la diosa del espacio infinito donde brillan las innumerables estrellas. "Ella se arca en éxtasis majestuoso", dice nuestro ritual oculto rosacruz, al convertirse en la guardiana de la Gran Luz espiritual. De ella es fácil comprender su valor, puesto que su número es 56 según versa en el Líber Legis inspirado por Aiwass a Crowley. Cinco, cuando se halla ante la presencia del espíritu etéreo, y seis cuando se halla ante el espíritu líquido.

Tratando de numerología tenemos que el 18 tiene por raíz al 9, por lo que nos compete decir que ambos actúan con el mismo principio, buscan las alturas y además llevan consigo el camino a la Luz divina. El primero lo hace hacia el Sol y el segundo hacia la Luna, detalles interesantes entre estos dos números. Por tanto, los nativos del arcano 18 también llevan consigo un deseo de realización espiritual interna, de algún modo un deseo de superación personal una vez que hayan confrontado antes sus prejuicios y temores personales.

### Interpretación mántica del arcano dieciocho

Se interpreta como el arcano de las confusiones, las dudas y lo misterioso, se relaciona además con los malos comentarios y las malas intenciones. Hechicerías y cizañas son parte de la interpretación en el mundo mental de este número.

En su aspecto positivo podemos hablar de una mujer sobreprotectora que en ocasiones, por su extrema prevención, no permite el libre desarrollo de otros.

La música, la inspiración, el arte, la poesía, el silencio y la contemplación son características naturales propias de los nativos de este arcano.

Las personas regidas por el número dieciocho, si bien presentan una tendencia a ser algo pesimistas y mezquinas, tienen el papel en la vida de tomar la experiencia como parte de su camino y abrir su mundo al optimismo. Tanta prevención puede ser perjudicial.

### El número diecinueve

Abordamos el número del amor filial, aquí se da la reunión de los sexos en el amor universal ante la luz plena del Sol espiritual.

La Luna y el Sol, ella y él, se unen en santo matrimonio para perpetuar la Luz en el universo.

El arcano diecinueve en la obra de Tolkien se relaciona con el matrimonio de Arwen y Aragorn, la reina Elfo y el rey de los hombres quienes contraen nupcias en la ciudad blanca, donde florece el árbol blanco, el mismo que presenta similitud con el árbol de la vida hebraico.

En los misterios cristianos tenemos este evento como la reunión del **Hijo Santo con el Padre Celestial**, donde estará el YO SOY, Jesús el resucitado a la diestra de Dios Padre y desde allí juzgará a los que están vivos (en la Luz) y a los que están muertos (en la materia).

En el lenguaje rúnico interpretamos este hecho como el matrimonio entre las fuerzas de Man y de Laf, siendo su unión importante para la realización de las vestiduras de oro espiritual, la túnica sagrada.

En el Apocalipsis tenemos este misterio relacionado con la mujer vestida de Sol que surca los cielos, asunto mal entendido por los seguidores de naves en el firmamento.

Este santo matrimonio lo vemos representado en los arcanos mayores del tarot como **El Sol** y en el tarot de Iglesias Janeiro lo encontraremos como **La inspiración**. Ambos muestran una pareja tomada de la mano recibiendo los rayos divinos del gran Sol espiritual.

Es este arcano el que relaciona el matrimonio de la Luz divina dentro de nosotros y la perfecta armonía entre los vehículos superiores de nuestro ser Espiritual:

- **El Espíritu**
- **El alma**
- **El cuerpo del alma espiritual.**

Tienen una santa unión con los inferiores:
**Vehículo Astral y**
**Vehículo Mental**

Beneficiando también a los vehículos **físico y vital**.
Se puede decir que es la unión del prisma hasta convertirlo de nuevo en una sola Luz.

A esto los antiguos lo han llamado el elixir de la larga vida, y ciertamente muchos lo alcanzaron convirtiéndose en seres iluminados por el espíritu santo, por la Luz de Dios.

Por esta causa esta unión es perfecta y libre de pecado, llena de toda iluminación, donde la sabiduría y el amor cobijan este santo sacramento dentro de una androginia perfecta.

Da Vinci dio a Jesús este aspecto perfecto al pintar su imagen con rostro angelical y cabellos largos, considerando todos los detalles para plasmar en el Santo Varón la figura del andrógino divino.

Con lo dicho, el huevo áurico se encuentra ahora iluminado, se ha logrado exitosamente la realización de la Gran Obra.

Antes, cuando tratábamos acerca de los primeros números, vimos que la gloria de los cielos se acercaba a la humanidad. Ahora vemos cómo la humanidad se acerca a la gloria de los cielos, alcanzando de este modo la divinidad y la vida perfecta.

El número 19 representa sociedades augustas y matrimonios felices. Lo importante de este arcano es lo que está relacionado con su significado oculto.

Es interesante entender que los números relacionados con el 19 son el 1 y el 10. El primero es su número raíz, el segundo es familiar por poseer también por raíz al uno. Lo interesante es que los tres números parecen trabajar en el mismo sitio (1, 10, 19), aunque el tercero lo haga de un modo sutil en dirección contraria a como lo hace el primero.

Por tanto, los arcano 19 también andan en búsqueda de la unidad, aunque para ello desean esto mismo a través de la compañía.

### Interpretación mántica del arcano diecinueve

Se interpreta como matrimonios felices, sociedades armónicas, confianza, seguridad, armonía, luminosidad, brillantez y vida apacible.

A los nativos de este arcano normalmente la vida los conduce a uniones felices y armonía en su entorno, el matrimonio es ávido dentro de su mundo y a bien tratan de mantener buenas relaciones con sus congéneres.

Son normalmente personas que disfrutan del mundo que las rodea, contemplan la grandeza de las cosas creadas y se regocijan con sus metas y sus éxitos dando a todo un toque de armonía y satisfacción.

En lo interpretativo le imprime sentido ético a todo lo que se realiza, estética y coordinación a los proyectos, buena presentación y arte a todo aquello a lo que se consulta. También se interpreta como un matrimonio o una sociedad exitosa, un buen momento para compartir con otros en reuniones felices.

## El número veinte

Hemos llegado al número de los sueños e ideales.

El arcano que relaciona al número veinte para Iglesias Janeiro en su tarot es **La resurrección**. En el tarot de Marsella encontramos un cambio, puesto que allí se llama **El juicio**.

Dos situaciones diferentes para un mismo número, pero que parten del mismo misterio, teniendo por raíz el comportamiento de la Luz divina dentro del ser.

Visto como El juicio, entenderemos que los hijos de la Luz deben comparecer ante EL PADRE CELESTIAL. Resulta interesante que el arcano de Marsella nos muestre un ángel que toca una trompeta indicándonos con ello muchas cosas. La trompeta es un instrumento que produce sonido y este es alusivo a un mantram. El ángel se interpreta como una energía relacionada con lo celestial o el cielo mismo de nuestro ser. Ese ángel podría ser el ser divino que llevamos dentro, quien ahora llegará a ser libre haciendo uso de la trompeta.

En el tarot de Iglesias Janeiro, como expresé anteriormente, vemos a este arcano con el nombre de **La Resurrección**.

Su interpretación se da con claridad cuando pensamos que realmente la Luz de Dios presente en nosotros vuelve a vivir en olor de santidad, en alas del *Espíritu Divino* que vive y reina por los siglos de los siglos.

Se puede decir que Jesús, el YO SOY, regresó a la casa del PADRE, desde donde juzgará a vivos y muertos.

El número raíz del 20 es el 2, número femenino de la observación y la comparación. Otro que posee por raíz al 2 es el 11, también un número femenino que permite comprender el dominio sobre el Sol. Ahora tenemos a la fuerza andrógina compareciendo ante la Luz original. Se encuentra ante la causa del todo cuanto existe.

El 2 y el 11 representan fuerzas femeninas y el 20, una energía andrógina.

## Interpretación mántica del número veinte

Se conoce como el número de los sueños e ideales, también del optimismo y de la labor cumplida, de dar cuentas claras y justas, de llevar el rostro limpio y la sanidad en el ser.

Al realizar una consulta, el 20 se interpreta como juicios a favor del consultante. Esto es diferente al juicio del arcano ocho, donde la posición del consultante se encuentra en tela de duda.

Habla también acerca de trabajos bien elaborados y bien calificados por jefes y autoridades. También narra reencuentros con viejas glorias y situaciones gratas.

Los nativos de este número son por lo general personas con muchos ideales y que se complacen con sus éxitos. Son seres que anhelan con pasión lo que buscan. Poseen normalmente el positivismo para alcanzar sus metas y presentan un alto grado de confianza en sí mismos. Las personas que poseen este arcano suelen ser individuos muy críticos y tienen la manía de señalar a sus semejantes.

## El número veintiuno

Este número está relacionado con el arcano veintiuno del tarot al que se lo conoce como **El mundo** en el tarot de Marsella y **La transmutación** en el de Iglesias Janeiro.

En la lámina de **El mundo** encontramos a una mujer desnuda envuelta en una cinta ondulante, indicándonos que su cuerpo esbelto es acariciado por el aire. La desnudez nos conduce a pensar que se trata de una energía que disfruta de su estado de libertad. El hecho de que se trate de una mujer nos narra acerca de la transformación que ha experimentado hasta convertirse en una fuerza etérea astral.

En este arcano vemos también las cuatro figuras que relacionan a los cuatro evangelistas: Mateo, Marcos, Lucas y Juan, y que hacen alusión a los cuatro elementos ya transformados. Estas cuatro figuras son el Toro, el León, el Águila y el Ángel.

El nombre de **El mundo** alude a nuestro propio mundo interior, el mismo al que se refiere Pitágoras al dejar una clave hermética relacionada con el Dodecaedro: "Quien conozca los misterios del dodecaedro, será dueño **del mundo**".

En este arcano se observa alrededor de la dama una corona de olivo, símbolo solar por excelencia. Esta corona rodea el aura de la bella desnuda como indicándonos que su aura está inspirada por la Luz solar.

Vimos que Iglesias Janeiro llamó a este arcano **La transmutación** para indicarnos que el proceso ya se ha cumplido. A esta altura de la obra espero que hayas analizado estas láminas para comprender en ellas la intención que conllevan.

Se le llama precisamente **La transmutación** por el acto logrado de trans (mover), mutar (cambiar), la energía inicial en energía sagrada. Con ello se forman las vestiduras especiales para nuestro ser, la mejor prenda que podemos llevar sobre nosotros, trajes luminosos en el reino de la Luz. Esto es simbolizado por la túnica blanca.

El número 21 presenta familiaridad con los números 3 y 12, siendo su número raíz el 3.

Por tanto, la suprema inteligencia se halla al crear este cambio, esta nueva realización que convierte al hombre en Sabio, al ser en entidad consciente de Dios y que lleva consigo la realización de Dios dentro de sí.

Para los seguidores de Tolkien ya podemos relacionar a este número con el último viaje de FrOdO y Bilbo a los puertos grises, ambos en compañía de los reyes Elfos y Gandalph y con destino hacia la tierra prometida de los Elfos.

### Interpretación mántica del número veintiuno

Se conoce como el número de las sabias transformaciones, de los buenos procesos hasta llevar a cabo un ideal o un producto. Es el número de la realización personal, de los logros y metas ya culminadas, de los buenos resultados.

Los nativos de este número a lo largo de su vida normalmente llevan a cabo una transformación provechosa. Su infancia normalmente es áspera, pero poco a poco se va transformando, dejando de fondo un cúmulo de experiencias enriquecedoras para el ser.

Son individuos con una capacidad innata para crear metodologías que lleven al progreso. Esta energía los promueve a continuar positivamente con sus empresas y proyectos. Son personas que saben partir de cero y pueden visionar y accionar el proceso que los llevará al éxito.

### El número veintidós o cero

Es el mismo que tratamos al inicio del estudio de los números como la energía del número cero.

En los arcanos de Iglesias Janeiro lo encontramos con el nombre de **El regreso** y está asociado al número 22. En el tarot de Marsella lo vemos como **El loco** y está asociado al número 0. Lo importante en este caso es que ambos poseen el mismo significado.

Los nativos cuya suma represente el número 22 deben dirigirse a la interpretación hecha acerca del número cero.

A continuación reproduzco la misma redacción que hice del número cero como interpretación mántica del número veintidós.

Interpretación mántica del número 0

El número 0 o 22 nos trae consigo la energía de Urano, el independiente, el que vive el aquí y el ahora. Relaciona al libre, al investigador, al aventurero, al viajero con libertad y sin rumbo definido, al divagante, al aislado y poco comprometido. En cierto modo inspira la irresponsabilidad. También interpreta al explorador y las exploraciones, la investigación científica, la búsqueda de información y la invención. El número 22 guarda una estrecha relación con su número raíz el 4 y se relaciona además con el número 13.

Los viajes inesperados como también los largos viajes son interpretados dentro de la energía de este número. Una combinación del 22 con el número nueve ratifica aún más este asunto.

Como resultado de una consulta hace alusión a la toma de decisiones no meditadas, emergencias, soluciones inmediatas y asuntos inesperados.

## Relaciones numerológicas

Como hemos visto hasta el momento, los antiguos sabios han dado a los números un valor importante al explicar en ellos la realización de los misterios iniciáticos. Esto es precisamente lo que les brinda una naturaleza de poder gracias a que tras ellos se encuentra en resguardo la sabiduría Divina.

Haciendo uso de la matemática se pueden encontrar curiosidades que traen alguna relación con los misterios de la iniciación. Aun en la matemática simple encontramos unas situaciones especiales en las que podemos también explicar la realización de la GRAN OBRA. Esto es posible hacerlo jugando con propiedades numéricas y veamos qué ocurre con algo simple como las sumatorias.

En matemática este tipo de operaciones se representa con el siguiente símbolo: $\Sigma$, la letra griega Sigma, símbolo de la sumatoria en el lenguaje matemático.

Para no hacerlo complicado lo veremos en su forma simple. Cuando aparece este símbolo sabremos que el número del subíndice indica desde dónde inicia la sumatoria: $\Sigma_1$ y el del superíndice donde termina: $\Sigma^3$. Realizaré un ejemplo sencillo de modo comprensible: $\Sigma_1^4$: $1+2+3+4$.

Ahora utilizaré estos argumentos matemáticos para explicar cosas relacionadas con el orden Divino. Para tal caso acompañaré los resultados con una explicación de la Cábala numérica. Veamos.

$\Sigma_1^1$: 1
La unidad, Dios con nosotros y en nosotros.

$\Sigma_1^2$: 1+**2**= 3
La unidad se convierte en dos y es conducida por la energía del tres.

$\Sigma_1^3$: 1+2+**3**= 6
El tres conduce la energía de la luz hacia el sexo, la zona del seis donde se agitan los cuatro elementos.

$\Sigma_1^4$: 1+2+3+**4**= 10= 1
La preparación de los cuatro elementos para retornar al centro único de toda transformación, a través de los cambios del diez y la separación del uno y del cero.

$\Sigma_1^5$: 1+2+3+4+**5**= 15= 6
El sacerdote que es el cinco, por medio del quince que es la pasión, conduce y coloca orden en el seis, zona del sexo.

$\Sigma_1^6$: 1+2+3+4+5+**6**= 21= 3
En la zona del seis se agita la Trinidad de la Luz en esencia y en sustancia.

$\Sigma_1^7$: 1+2+3+4+5+6+**7**= 28= 10= 1
El carro del triunfo logra su victoria sobre los cuatro elementos gracias al sacerdote, y dirige su carroza hacia el uno, donde se transformará separando al uno del cero.

$\Sigma_1^8$: 1+2+3+4+5+6+7+**8**= 36= 9
La justicia equilibra la carga que más tarde emprenderá el viaje gracias al nueve.

$\Sigma_1^9$: 1+2+3+4+5+6+7+8+**9**= 45= 9

## Dios y la verdad escrita en números

La compañía emprende su viaje de los cuatro elementos orientados por el cinco en la ruta del nueve hacia un nuevo Sol.

$\Sigma_1^{10}$: $1+2+3+4+5+6+7+8+9+\mathbf{10}= 55= 10= 1$
Lo que inició siendo uno y fue transformado a lo largo de los números vuelve al uno donde será transmutado hasta convertirse en unidad.

Espero que hayas podido comprender estas cábalas. Si no es el caso, no las desdeñes, vuelve a ellas en otra ocasión. Si lo has comprendido, puedes repetir con Pitágoras: "Por los números se llega a Dios" y encontrar con el gran cabalista Jesús comprensión para sus metafóricas cábalas numéricas: "Antes de que el gallo cante 3 veces..." "debes perdonar... 70 veces 7". Y de igual modo podemos citar a Juan, otro cabalista interesante con su monumental Apocalipsis. Todos estos invitando a la gloria de Dios por medio de los números.

También es posible encontrar claves en la potenciación. En su forma simple $a^n$, se pueden hacer reducciones cabalísticas que representen el mismo proceso.

Estas nuevas relaciones matemáticas, simples pero complejas en sus significados, nos ponen cara a cara con los misterios iniciáticos de la Luz de un modo muy particular. Veámoslo:

$a^n$:

$1^n= 1$
La unidad siempre es en sí la misma, aun cuando se eleve a cualquier potencia.

$2^1= 2$
$2^2= 4$

En el primer caso la unidad como potencia respeta la esencia de cada número y de cada ser. En el segundo caso Dios hecho materia se transformará en los cuatro elementos.

$3^1 = 3$
$3^2 = 9$,
$3^3 = 27 =$ donde $2+7 = 9$
Esto explica que la Triada Divina por sí misma alcanza su propia redención.

$4^1 = 4$
$4^2 = 16 = 7$
$4^3 = 64 = 10 = 1$
$4^4 = 256 = 13 = 4$

En el primer caso, la unidad respeta su esencia.

El segundo caso muestra que los cuatro elementos bañados por la feminidad del dos alcanzarán el éxito.

El tercer caso muestra que la triada manifestada en los cuatro elementos puede alcanzar la unidad una vez hecha la separación del uno y del cero.

El cuarto caso muestra que los cuatro elementos por sí mismos se conservan estables y concentrados en su poder.

$5^1 = 5$
$5^2 = 25 = 7$
$5^3 = 125 = 8$
$5^4 = 625 = 13 = 4$
$5^5 = 3125 = 11 = 2$

En el primer caso la unidad respeta su esencia.

En el segundo caso la energía del sacerdote se baña en las fuerzas femeninas del dos para alcanzar el éxito.

En el tercer caso por acción de la triada se agita en movimientos internos dentro de la misma área, como el prisionero que se mueve dentro de su celda.

En el cuarto caso, al potenciarlo por los cuatro elementos, conserva el poder de estos.

El quinto caso muestra que el sacerdote potenciado por sí mismo requiere el valor de esas aguas que son el dos, como Moisés y Jesús cuando hicieron proezas con ese elemento para guiar a sus respectivos pueblos.

$6^1 = 6$
$6^2 = 36 = 9$
$6^3 = 216 = 9$
$6^4 = 1296 = 18 = 9$
$6^5 = 7776 = 27 = 9$
$6^6 = 46656 = 27 = 9$

No hay un número aparte del nueve mismo[15] que busque más la redención que este, el controvertido número seis, ni hay otro que en todas sus potencias exprese que quiere ascender a la búsqueda de la perfección, el encuentro con Dios. Ya lo vimos cabalísticamente con el número de la bestia, ahora lo ratifica la potenciación. Es como si matemáticamente demostrara que es por el sexo que se llega a la Luz Divina de Dios, mas no por su degradante uso que desgasta a la humanidad.

$7^1 = 7$
$7^2 = 49 = 13 = 4$
$7^3 = 343 = 10 = 1$
$7^4 = 2401 = 7$
$7^5 = 16807 = 22 = 4$
$7^6 = 117649 = 28 = 10 = 1$
$7^7 = 823543 = 25 = 7$

En el primer caso vemos que la unidad Divina respeta su esencia.

---

[15] El número nueve por sí mismo alcanza este resultado en todas sus potencias, en breve se analizará. Estos dos números parecen enlazados, así también lo muestra el símbolo del signo zodiacal de Cáncer.

En el segundo caso vemos a la energía consagrada que es el siete movida por las aguas en la reunión de los cuatro elementos.

En el tercer caso vemos que la perfección de la energía consagrada y preparada por medio de la triada alcanza la unidad que es Dios.

En el cuarto caso vemos que la energía consagrada que es perfecta en los cuatro elementos alcanza en ellos la perfección.

En el quinto caso vemos que gracias al sacerdote esta energía conduce a los cuatro.

En el sexto caso vemos que esta energía sacra alcanza en el sexo su realización para volver al Padre, la unidad.

En el último caso vemos cómo la perfección por sí misma alcanza la perfección, entenderemos entonces a Jesús cuando expresa que "perdonarás... 70 veces 7". Ahora, si potenciamos esto, tenemos:

$70^7$ = 823543 x $10^{12}$, lo que significa esta cifra seguida por doce ceros = 823543000000000000, y al sumarla cabalísticamente tendríamos de nuevo el 7. Esto quiere decir perdonar a la perfección.

$8^1$= 8
$8^2$= 64= 10= 1
$8^3$= 512= 8
$8^4$= 4096= 19= 10= 1
$8^5$= 32768= 26= 8
$8^6$= 262144= 19= 10= 1
$8^7$= 2097152= 26= 8
$8^8$= 16777216= 37= 10= 1

Es evidente que las potencias pares comunican la esencia de este número con la unidad, en tanto las potencias impares reafirman su prisión. Con lo visto expreso que el número ocho se debate entre aprisionar y liberar. Sabemos que el 8 es movimiento en un sitio cerrado, pues bien, estas operaciones indican que la energía se mueve para luego ir en búsqueda del uno o de la unidad. En otras palabras, la energía se agita para buscar su liberación y alcanzar al Padre que es la unidad Divina de donde provenimos.

$9^n = 9$

Esto quiere decir que cualquiera que sea la potencia que coloquemos al número perfecto, siempre traerá por resultado este mismo número. Recordemos que es el número sagrado del respeto y la gloria en búsqueda de Dios. En mi opinión es el número de la voluntad, del libre albedrío.

$10^n = 1$

Esto significa que cualquiera que sea la potencia a la que elevemos el 10 siempre tendremos tras él una fila de ceros, por lo que su reducción cabalística será siempre la unidad, Dios. Por eso la unidad es perfecta en sí misma.

Nos queda claro que los números son toda una cábala que explica armoniosamente los misterios iniciáticos. Estos conducen al hombre hacia la Divinidad interna que lleva dentro y que es Dios en nosotros. Pitágoras tenía razón.

Otra de las curiosidades matemáticas que he encontrado está relacionada con la tabla de multiplicación.

Pensará el lector que soy un desocupado, pero no es así. Es solo que he sido, entre mis multiplicidades polifacéticas, profesor de matemática en secundaria durante algunos años. Soy además un fanático de los números y las operaciones lógicas.

La siguiente tabla surgió de enseñarle a mi amado hijo Mahalaed las tablas de multiplicar.

Cuando él cursaba el primer grado de escuela le fabriqué una tablita sencilla que le permitiría aprender mejor las multiplicaciones con un método simple, y surgió el ingenio descubridor de nuevo.

Quiero compartir esta tabla que aunque no sé en realidad qué utilidad tenga, de igual modo es una curiosidad que presentan los números. Quizá en el futuro le encuentre algún uso en el camino de la magia o quizá otro lo haga. Aun así la presento como una curiosidad.

Es un arreglo de columnas y filas donde se logra hallar el resultado deseado en el punto de encuentro entre columna y fila.

Por ejemplo, si queremos saber cuánto es 4 x 7, entonces vamos a la columna del número 4 y la hacemos coincidir con la fila del número 7. En el choque de ambas encontramos el resultado: 28.

**La tabla es la siguiente:**

| X | 1 | 2 | 3 | 4 | 5 | 6 | 7 | 8 | 9 | 10 |
|---|---|---|---|---|---|---|---|---|---|----|
| 1 | 1 | 2 | 3 | 4 | 5 | 6 | 7 | 8 | 9 | 10 |
| 2 | 2 | 4 | 6 | 8 | 10 | 12 | 14 | 16 | 18 | 20 |
| 3 | 3 | 6 | 9 | 12 | 15 | 18 | 21 | 24 | 27 | 30 |
| 4 | 4 | 8 | 12 | 16 | 20 | 24 | 28 | 32 | 36 | 40 |
| 5 | 5 | 10 | 15 | 20 | 25 | 30 | 35 | 40 | 45 | 50 |
| 6 | 6 | 12 | 18 | 24 | 30 | 36 | 42 | 48 | 54 | 60 |
| 7 | 7 | 14 | 21 | 28 | 35 | 42 | 49 | 56 | 63 | 70 |
| 8 | 8 | 16 | 24 | 32 | 40 | 48 | 56 | 64 | 72 | 80 |
| 9 | 9 | 18 | 27 | 36 | 45 | 54 | 63 | 72 | 81 | 90 |
| 10 | 10 | 20 | 30 | 40 | 50 | 60 | 70 | 80 | 90 | 100 |

Hasta aquí es una tabla común de multiplicar.

Pero nótense varias cosas:

Dios y la verdad escrita en números

La primera es que la diagonal (de números blancos) está constituida por los cuadrados de cada número: 1 como el cuadrado de 1, 4 como el cuadrado de 2, 9 como el cuadrado de 3...

La segunda es que a ambos lados del 4 tenemos al número 3 a manera de espejo. El nueve tiene al 8 y al 5 reflejados en una perfecta simetría.

Asimismo el 16, el 25, el 36, el 49, el 64, el 81 y el 100.

Podríamos decir que la tabla es simétrica a través de su diagonal.

Ahora el zigzag muestra que el número 3, que es espejo, cuando es sumado a la potencia anterior (1), da por resultado la siguiente potencia (4). Suena enredado pero es simple, observe las líneas en el dibujo de la tabla.

Esto mismo pero salido del diagrama lo presento en el siguiente cuadro:

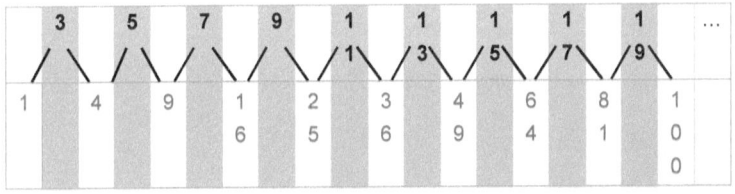

Ahora analicemos esta pequeña tabla, hay nuevas condiciones en ella. Una es que los números de la fila superior son todos impares y en su mayoría números primos, en tanto abajo están los cuadrados de los números raíz.

Es claro ver que el número de la fila de abajo sumado al siguiente en la fila superior da por resultado el próximo de la fila inferior. Esto es lo que muestra el diagrama del zigzag que mencioné antes.

¿Para qué sirve esto? No lo sé aún, pero es una curiosidad. ¿La habrá descubierto alguien antes? Es lo más seguro. Sin embargo aquí lo anoto como una consideración extraña de los números, una particular relación de simetría que hace que se comporten como un espejo ante la diagonal.

Bueno, es mi deseo que alguien le encuentre utilidad a las curiosidades de la tabla. Yo la tendré en mi cerebro presente por si algún día veo en ella alguna relación con mis estudios herméticos o con los científicos, ¿por qué no?

## II Parte

## El método numerológico

Este método se divide en dos partes:

**Predictivo**

**Descriptivo**

### Introducción

Recuerdo la forma en que este método llegó a mí. Agradezco a mis maestros gurús por tan alto privilegio de permitirme ser su emisario. La procedencia del método son los planos superiores, donde se enseña con verdad y humildad.

Como sugerencia expreso que la búsqueda sincera trae su premio y que las excelsas Jerarquías espirituales siempre están dispuestas a dar a quien lo pide. Dijo Jesús: "Pide y se os dará, toca y se os abrirá". Esto me permite exponer que los sueños iluminados son la fuente más fidedigna de conocimiento.

Con el agradecimiento de un discípulo y en la ventura de querer siempre más, he avanzado en el sendero cabalístico apoyado por mis guías y asesorado desde los planos superiores. Este método me fue revelado el 19 de octubre de 1998 desde el reino divino, ahora lo presento ante ustedes del modo en que lo recibí durante el sueño. Inicialmente lo transcribí en apuntes luego de la clase recibida esa misma noche.

A continuación copiaré el método tal cual se encuentra en mi cuaderno de apuntes. Así tendré la certeza de compartir con usted, lector, lo que para mí fue y es motivo de grandes sentimientos.

Después de esta trascripción detallaré el proceso paso por paso, de modo que pueda comprenderse y aplicarse adecuadamente. Si deseas omitir esta lectura que relata la adquisición del método, puedes ir unas páginas más adelante para comenzar con el estudio de la numerología y el método práctico de esta obra.

*Clase del 18 de octubre de 1998, 11 p.m.*

*Me enseñaron a descifrar numerológicamente los acontecimientos diarios con precisión.*

*1) Inicialmente se toma el arcano de cuna de la persona*
   *Ej.: 1972*
   *24*
   *06*
   *2002= 4*

*2) luego se toma el número que suman los cumpleaños de la persona*
*Ej. En la actualidad tengo 26 años= 8*

*3) luego se toma el año más el arcano*
   *Ej. 1998*
   *4*
   *2002= 4*

*4) A este número se le suma el del cumpleaños*
   *8+4= 12*

*Hasta aquí se dice que el año 1998 vibra con el 4 para mí, lo que indica estabilidad y pruebas. En los meses anteriores a mi cumpleaños sumaba 11 lo que hacía que estas pruebas las persuadiera. Luego de mi cumpleaños viene el 12, que significa sacrificio ante las pruebas.*

*5) Del cumpleaños hasta finalizar el 1998 vibra el 12. Ahora detallaremos con precisión este 12 o número del sacrificio mes a mes, sumándole precisamente cada número del mes.*

*Ej. El mes 6 (mes de cumpleaños)*
*12+6=18 (este número rige los últimos días del 24 al 30 de junio).*
*12+7=19 julio*
*12+8=20 agosto*
*12+9=21 septiembre*
*12+10=22 = octubre*
*12+11=23=5 noviembre*
*12+12=24=6 diciembre*

*6) Para precisar el día es necesario sumárselo al valor del mes de mi vida.*
*Ej.: Octubre vibra con el 22, el día 19 dará entonces*
*22+19=41=5 un día de vibración espiritual.*

*7) Ahora se precisa la hora en que ese día dará la condición, es necesario para ello analizar con las distintas horas, la militar y la corriente, esto para el caso de la tarde.*
*Ej. Día 19 de octubre a las 2 p.m.*
*El día vibra con el 5*
*Ahora, 5+14 horas=19 y 5+2 p.m.=7*
*Este es un día de orientación espiritual (5) y las 14 horas dan para que sea en compañía de una mujer y el 7 da éxitos en ello.*

*¡Gracias, Maestros!*

*19 de octubre de 1998, Sol en Libra, Luna en Libra.*

Bien, así lo tengo en mis apuntes. Ahora, 12 años después, lo presentaré de un modo más ordenado y comprensible.

En las siguientes páginas encontrarás este método completamente claro tras enriquecidas descripciones, de modo que sea totalmente comprensible para ti.

Como una pequeña reseña histórica, diré que cuando yo era muy joven y estaba recién ingresado en la Orden Rosacruz, el maestro del Templo, el Hermano Comendador Reshai, me enseñó lo que fueron para mí los primeros pasos en la numerología.

Me enseñó a hacer el cálculo del arcano de cuna y a sumarle el año en curso para conocer su vibración. Estos son los pasos uno y dos por donde inicia este método.

## El método

### 1. Predictivo

Lo primero consiste en estudiar la principal energía y para ello es necesario hacer el cálculo del arcano de cuna.

Pero antes de hacer este cálculo creo que mereces saber qué significa esto del "Arcano de Cuna".

Los números arrancan su poder del plano mental en el que se desenvuelve el hombre. Esto de contar día a día con un calendario está supeditado a fuerzas mentales poderosas en este plano, por lo que cada día presenta su vibración particular.

Al inicio de esta obra expresé que en el planeta donde vivimos existen otros calendarios distintos al nuestro, por lo que para cada una de las culturas involucradas existe una vibración numerológica relacionada con ella.

El calendario es por consiguiente una energía que condensa la fuerza mental de la humanidad, cada día del calendario posee una particular emanación, por ejemplo, el día en que lees estas líneas está condicionado por las vibraciones etéreas de los números de ese día, impregnando todo cuanto nace o se hace durante la prolongación de este con tales fuerzas.

La condensación energética de un día X se encuentra caracterizada por la suma vibratoria de las energías que involucran el día, el mes y el año en estudio.

Así hubo un día en que naciste, y ese día presentaba una vibración particular de la cual has quedado impregnado en tu mundo mental. Esta vibración funciona como un tatuaje etéreo que te acompañará por el resto de tus días.

Esta energía impregnada en el ser el día de su nacimiento, que vibra desde el natalicio hasta el ocaso de la vida, es considerada en numerología como *El arcano de cuna* y es esta la mayor influencia vibratoria y energética que presenta cualquier criatura o creación.

Es válido anotar que un estudio numerológico es aplicable a un ser que nace como también a cualquier tipo de energía que comience su ciclo de vida amparado por el poder vibratorio de una fecha con números. De tal modo podemos estudiar el arcano de cuna de una empresa, un proyecto, un negocio, una mascota que nace, una amistad que inicia o cualquier tipo de situación que se considere.

En lo venidero estaremos tratando el tema de una persona nacida en una fecha X la cual recoge las energías particulares de ese día del calendario.

**El arcano de cuna**

En la primera parte de esta obra he expresado que existen dos sistemas básicos de numeración cabalística: los números raíz y la relación con los 22 arcanos mayores del tarot. Para realizar con efectividad estos cálculos, los números del 10 al 22 deben conservarse tal cual, pero no debe olvidarse la familiaridad que poseen con sus números raíz. Ejemplo de esto es que el arcano 19 tiene por número raíz al 1 y a su vez es familiar del número 10. Esto porque 1+9 = 10 donde 1+0 = *1* el número raíz.

Los cálculos para encontrar El arcano de cuna son muy simples. Basta con sumar las vibraciones en conjunto del año de nacimiento con el mes y el día. El procedimiento es el siguiente.

Primero debemos tener los datos de la fecha de nacimiento y colocarlos del modo en que se indica. El resultado final lo sumamos dígito a dígito para obtener la vibración que requerimos acerca de esa fecha.

Tomemos una fecha cualquiera, esta nos servirá en lo venidero para hacer los siguientes estudios numerológicos. Para nuestro ejemplo supongamos que alguien nace el 4 de julio de 1994.

Año     1994
Mes        7
Día     __4__
2005, donde 2+0+0+5= 7

La vibración de este día del ejemplo es 7. Esto quiere decir que toda criatura que haya surgido este día nació impregnada con tal energía vibratoria. Entonces diremos que tal criatura posee arcano 7.

Podemos interpretar la vibración energética de esta persona buscando la información que se encuentra en el apéndice de este libro. De tal modo diremos:

*Este número refleja al exitoso, al conquistador de metas, al que alcanza sus logros y los propósitos que busca.*

*Es el número de la realización y la optimización de los procesos, el número de la producción, de la vía perfecta, el número de los buenos resultados.*

*Las personas regidas por este número alcanzan sus metas tras el merecido esfuerzo, pero normalmente llevan la convicción de que lo lograrán. Es propio de empresarios, políticos y personas de buena convicción.*
*En una interpretación este número relaciona resultados positivos tras el proceso. Éxito en lo que se consulta y viabilidad a lo que se busca.*

El siguiente caso es muy particular, por lo que sugiero prestar atención.

Debo advertir acerca del modo en que se realiza esta suma. Hago esta aclaración porque un día me encontré con alguien que me aseguraba poseer arcano 7 y yo le especificaba que tenía arcano 16, con raíz en el 7, por supuesto, pero finalmente arcano 16. En sus sumas y del modo en que lo hacía efectivamente se encuentra el 7, pero según el uso correcto es 16. Luego del ejemplo lo aclararemos.

La persona en estudio nace el 7 de agosto de 1945.

Al sumar este de modo horizontal tendríamos:

1945+8+7= 1+9+4+5+8+7=34 donde 3+4=7. Efectivamente 7 es su número raíz.

Pero al realizar una suma vertical encontraríamos el arcano de cuna real:
Año        1945
Mes           8
Día          _7_
             1960, donde 1+9+6+0= 16

Este es el arcano de cuna correspondiente, cuya raíz es el 7.

Existe una enorme diferencia entre la energía de un arcano 7 y la de un arcano 16. Por ello invito a realizar correctamente las operaciones aprovechando que son supremamente básicas.

Para quienes son nuevos en estas aritméticas simples, supongo que el interés los llevará a consultar qué arcano de cuna poseen. Por esto he decidido colocar un apéndice que, como expresé antes, se encuentra al final de la obra con los 22 arcanos interpretados. Así no tendrá que ir a buscar en las páginas pasadas y podrá encontrar en las venideras de una forma más simple y compacta.

Debes tener presente que para los estudios numerológicos es necesario hacer una reducción cabalista cuando una cifra sobrepasa al número 22. Cuando esto sucede se hace una suma simple entre los dígitos.

Ejemplos:

Resultado final: 1989, entonces 1+9+8+9 =27

Como el número 27 sobrepasa al número 22 se deben sumar sus dígitos. Entonces 2+7=9. Este es el arcano de cuna.

Otro ejemplo tiene por resultado final: 2029, 2+0+2+9= **13**. Este es el arcano de cuna.

Analice cada cual su propio "Arcano de Cuna".

Una vez comprendida la forma de realizar el cálculo del arcano de cuna y de hacer la interpretación correcta, nos podremos internar en el segundo paso de este método y con ello hacer una pequeña predicción.

Se trata de conocer la vibración que presenta ese número en un año específico, por ejemplo el año actual.

A esta vibración le llamaremos Arcano Actual y lo denotaremos con las iniciales AA.

**Arcano Actual**

Es simple este cálculo. Se puede hallar la energía que embarga a un arcano de cuna durante el periodo de un año en específico. Para el caso se puede consultar acerca del pasado, el presente o el futuro de algo o de alguien.

Estudiaremos lo que sucede para nuestro personaje de arcano 7 nacido el 4 de julio de 1994. Lo analizaremos en el año en que me encuentro escribiendo este libro.

Año              2010
Arcano de cuna    7
AA               2017, donde 2+0+1+7=**10**

Con esta suma simple sabremos que esta persona presenta durante el año 2010 la energía vibratoria del número 10. Veamos cómo se interpreta esto, lo que será su situación constante durante todo este año.

Interpretémoslo:

*Este es el número de los cambios, es el número de las variaciones y de las transformaciones provechosas.*

*Este número relaciona personas cambiantes, indecisas y nada monótonas, con grandes necesidades de experiencias que las conduzcan por caminos de aventura, de nuevas rutas, tal cual Colón en búsqueda de otras tierras.*

*Caracteriza prototipos de personas poco sedentarias, más bien algo nómadas, con deseos de experimentar y de buscar nuevos caminos que las lleven al despertar y al éxito. Son de naturaleza cambiante.*

*En una interpretación esto augura cambios radicales que luego tendrán buenos cimientos. También trata acerca de separaciones, divorcios y giros del destino, cambios de ciudad, casa, empleo, incluso hasta de amor.*

*Este número guarda una estrecha relación con su número raíz, el 1, pues 1+0=1. Por esta causa, las personas o cosas que vibren con el número 10 son afines al número 1.*

Como vemos, esta es la energía que acompaña durante el año 2010 a este personaje ficticio de nuestro ejemplo.

Avancemos un poco para conocer otras particularidades que se presentan con este personaje al involucrar la energía del número que representa su edad.

## Edad

Todo cuanto existe en el mundo de la materia tiene una edad cronológica que determina el tiempo o periodo de su existencia. Humanos, animales, plantas, minerales y cosas poseen una medida que les determina su estancia en este plano.

Por esta razón la edad es una vibración numérica y es de sumo valor en estos estudios. Cada año que se cumple es una energía que transitamos.

Al número de la edad es necesario analizarlo desde dos puntos de vista. El primero por su vibración particular, el segundo sumado al AA y esto nos permite conocer de qué modo se encuentra la energía en el curso de un periodo en específico.

Continuando con nuestro ejemplo aleatorio, veamos qué sucede con la persona en estudio.

Primero debo ubicarme en una fecha dentro de este año para poder comprender la edad exacta que vive esa persona.

Hoy es primero de diciembre del año 2010, estoy analizando los números de este personaje. Haciendo un cálculo simple puedo darme cuenta de que cumplió 16 años el 4 de julio.

Los datos que hasta ahora tenemos son:

Arcano de Cuna = 7

Arcano Actual para el año 2010 = 10

Durante este año 2010 esta persona presenta dos edades: una antes del cumpleaños y otra después del cumpleaños.

Antes del cumpleaños, que fue el 4 de julio, la edad era de 15 años, y luego cumplió 16 años.

A causa de la edad todos tenemos dos números para un año en específico. Uno antes de cumplir años y otro después. La excepción a la regla la tienen los nacidos el 1 de enero o el 31 de diciembre.

Para el primer periodo, el que va del 1 de enero al día del cumpleaños la vibración fue caracterizada por los 15 años, por lo que diremos que estuvo en la nota vibratoria del número 15. Se interpreta de la siguiente manera.

## Interpretación mántica del número quince

*Este número se relaciona con iras, pleitos y todo sentimiento que conecte al ser humano con sus instintivos principios: el placer, la pasión, el sexo, la envidia, la competencia, la ira y otros. Todo aquello que agite nuestras emociones de forma instintiva se relaciona con este arcano.*

*Como resultado de una consulta se interpreta como problemas que pueden desencadenar en profundas contiendas, guerras, conflictos presentes o venideros. Si está cerca de algún número que relaciona sentimientos emocionales de amor, como por ejemplo el número seis, entonces se relaciona con momentos pasionales.*

*Los individuos regidos de algún modo por este número deben ser cautelosos con sus momentos de impulsividad, pues corren el riesgo de ser movidos más por el instinto que por la razón.*

*Los nativos del 15 tienen por raíz al número 6 (1+5=6). La pasión y el sexo se ligan a este número, y esto los lleva a un sex-appeal prominente, como también a involucrarse aquí y allá en aventuras. Pueden llegar a ser prisioneros de sus instintos sexuales. El 6 también prodiga indecisiones en la vida de estos nativos.*

*Deben controlar sus iras y sus instintos, porque de otro modo estas energías los controlarán. Es importante inspirar el alma a la tolerancia.*

*La meditación, los ejercicios respiratorios y el aire libre pueden desacelerar el ritmo incesante de los número quince. Son de mucha utilidad los deportes extremos o disciplinas como el judo o el karate para alejar represiones. La gimnasia les permite liberar energía extra.*

Para nuestro personaje ficticio en este año 2010, al cumplir 16 años el día 4 de julio, la vibración de su edad cambia, por lo que sus números cambian también. La interpretación para esta edad es la siguiente.

## Interpretación mántica del número dieciséis

*Este número narra acerca de caídas, fracasos y traumas, también del derrocamiento de imperios, de la caída de los grandes.*

*En una interpretación indica posibles obstáculos ante lo que se consulta, o también caminos difíciles por transitar y que requieren de la atención debida para evitar fracasos.*

*El 16 tiene por raíz al 7. Esto significa que no todo fracaso conduce a una derrota. A veces en los reveses de este número hay vías que conducen al éxito y al triunfo.*

Las edades son una cifra importante que se debe considerar. En el caso de los que ya pasamos los 22 años, la edad se reduce a un número cabalísticamente. Yo, por ejemplo, estoy viviendo el 11 de mi edad al encontrarme en los 38 años: 3+8=11. Ahora analiza tu edad y ve al apéndice para comprender un poco más el proceso del periodo que vives.

Continuando con el método vamos a hacer una simple suma de energías, pues en un año en particular dos de ellas se encuentran vibrando en paralelo por lo que producen una poderosa energía en conjunto. Estas son la vibración del arcano actual y la edad. Juntas se mezclan como una sola vibración.

**AA+E**

En esta operación se requiere sumar el Arcano Actual más la Edad.

Continuando con nuestro ejemplo tenemos:
1. Que el AA es el 10
2. Sabemos que para el año 2010 la persona en estudio presenta dos edades, la de los 15 años desde el 1 de enero hasta el 4 de julio y la de los 16 del 5 de julio al 31 de diciembre.

Consideremos en primera instancia el primer periodo que va del 1 de enero al 4 de julio.

Los resultados serán los siguientes:

AA=   10
**E=   15**
AA+E= 25, donde 2+5 = 7

Entonces tenemos que las energías para esta persona durante el primer periodo del año son las siguientes:

| A | AA | E | AA+E |
|---|----|---|------|
| 7 | 10 | 15 | 7 |

Estos cuatro datos ya nos entregan un análisis profundo acerca de lo que vive esta persona en la actualidad del periodo del 2010 antes de su cumpleaños.

El análisis es el siguiente:

*Es una persona de éxito que alcanza las metas que se propone, claro que este éxito depende de la medida de sus esfuerzos, pero su tenacidad lo lleva al logro* (Arcano 7).

Para el 2010 presenta un AA de 10, por lo que *vive un año de cambios y transformaciones, quizás algunas mudanzas o cambios de amistades o actitudes. A su alrededor es posible que se estén gestando nuevas oportunidades de modo que cambien en algo el proceso de su vida.*

La edad determina para este primer periodo una **actitud aventurera y dinámica, se encienden los fuegos de la pasión y los deseos de aventuras, tanto emocionales como sociales. Tener amistades, salir y vivir el riesgo son cosas que motivarán sus más internos deseos.**

Ahora la suma de su Arcano Actual con la energía de su edad (AA+E) nos dice que *se encuentra experimentando la energía de su propio arcano de cuna, el número 7.*

*Esto augura que la primera etapa de su año, la que va antes del cumpleaños, se presentará como un periodo de éxitos y conquistas, triunfos que tienen de fondo al número 15. Esto se interpreta como triunfos rápidos y precisos, éxito en los conflictos y en el instinto. En otras palabras, puede ser que logre tener alguna o algunas experiencias sexuales.*

El 4 de julio se modifica su energía al variar su edad, por lo que en el segundo periodo del año las cosas serían del siguiente modo:

| A | AA | E | AA+E |
|---|----|---|------|
| 7 | 10 | 16 | 8 |

Esto sugiere que la vibración del año sigue trayendo cambios a su vida. Al cumplir 16 años algunas cosas pueden no resultar como las desea. La suma de ambas energías (AA+E) nos indica la presencia del número 8. Esto nos dice que *debe tener precauciones con las cosas que hace, puesto que el 8 es el número de los encierros y los aprisionamientos. Un mal acto le puede cambiar la vida y tiene los números para ello. Las cosas que no estuvieran saliendo bien pueden hacer que se sienta un poco atribulado, por tal causa es posible que la energía del número 8 lo invitara a la reclusión, al encierro y a la meditación.* Todo esto puede llegar a presentarse desde el 4 de julio al 31 de diciembre del 2010.

Nótese que en el 2010 las vibraciones son dos y ambos números son de características contrarias, el primero desbocado y el segundo represivo, por lo que esta persona se estaría debatiendo en un mar de contrariedades cuando cambien las vibraciones energéticas de la edad.

Podemos notar que los cuatro números de nuestra tabla poseen características diferentes. Veamos cuáles son:

\* El arcano de cuna no es variable, es el mismo por toda la existencia.

\* El AA es variable y acompaña la vibración de un año en específico, del 1 de enero al 31 de diciembre.

\* La edad es un dato que se arrastra desde el año anterior y cambia en el momento en que se cumple años, por lo que normalmente en el año se presentan dos datos para este cálculo.

\* El AA+E varía al cambiar el dato de la edad, por lo que en el año se viven comúnmente dos vibraciones diferentes: una antes y otra después del cumpleaños.

Una tabla de estudio nos llevará a una mayor comprensión dentro del siguiente diagrama:

| A | AA | E | AA+E |
|---|----|---|------|
| 7 | 8  | 13 *14* | 21 *22* |

A esta cábala **AA+E** la he considerado como la ***vibración predominante*** del periodo.

Si bien los datos del Arcano de Cuna, el Arcano Actual y la Edad son muy importantes, *la vibración predominante del periodo* se roba totalmente nuestra atención, puesto que debe considerarse como una suma energética poderosa. Se comporta como un bloque de energía que gobierna la vida por ese espacio de tiempo, sin interrumpir la vibración natural de los otros números.

Con este dato **AA+E** comienza el detalle de esta cábala numerológica. Como esta energía es la que dirige nuestro momento actual, con esta vibración podemos conocer la energía particular que presenta un mes, un día o una hora en específico.

**Cábala numérica mes a mes**

Este es un proceso simple que nos permite saber cuál es la energía que nos abarca en un mes determinado. Cada mes presenta una vibración caracterizada por el número que le corresponde dentro de la cuenta de un año. Esto se resume a comprender que enero es en nuestro calendario el mes 1, por lo que vibrará siempre con la energía de este número. Febrero con el 2, marzo con el 3... diciembre con el 12.

Esta es la vibración característica de cada mes. Si nos dedicáramos a interpretarla nos daríamos cuenta de que enero siempre es el mes de los inicios, el mes en que se proyecta el año; febrero siempre nos hace atentos a cálculos y observaciones; marzo es el mes de las ideas y de los proyectos; en abril nos consolidamos con la energía del año. Así paulatinamente entenderemos que cada mes vibra de un modo diferente en concordancia con su número.

Espero que hasta el momento los cálculos sean de su entera comprensión.

Ahora pasemos a analizar qué tipo de vibración acompañará nuestro ejemplo mes a mes durante este año del 2010.

Para ello basta sumar la vibración predominante del periodo **AA+E** al mes que se desee estudiar.

En el caso de que queramos analizar el mes de abril del año 2010 para esta persona de nuestro estudio, basta con sumar el AA+E con el mes 4 que es abril.

Consideremos que consultamos acerca de un mes que está en el primer periodo. Recordemos los números que acompañan ese periodo:

| A | AA | E | AA+E |
|---|----|---|------|
| 7 | 10 | 15 | 7 |

**AA+E + mes abril**
Entonces:   7 +   4  = 11

Interpretando diremos que *la vibración del año trae cambios como ya lo dijimos antes, que la edad trae aventuras y que estas serán exitosas. Mas en el mes 4, que es abril, la vibración particular es 11, con lo que diremos que la calma ampara todo aquello que se encuentre ejecutando, también es un mes en el que todo fluirá de modo pacífico.* Si el ejemplo tratase acerca de una mujer, diríamos que en este mes tendrá el poder de dominar en las situaciones que se relacionen con el género masculino. Si se tratase de un hombre, lo veremos doblegado a los encantos de una mujer influyente. Para ampliar los conceptos diríjase al apéndice, donde están todos los números interpretados.

Bien, ahora revise sus números, ¡este mes puede traer cosas interesantes para usted!

A continuación podremos observar una tabla resumida mes a mes para nuestro ejemplo durante el año 2010:

| AA+E | 1 | 2 | 3 | 4 | 5 | 6 | 7 | 8 | 9 | 10 | 11 | 12 |
|---|---|---|---|---|---|---|---|---|---|---|---|---|
| 7 | 8 | 9 | 10 | 11 | 12 | 13 | 14 | | | | | |
| 8 | | | | | | 15 | 16 | 17 | 18 | 19 | 20 | |

Nótese que en julio, que es su cumpleaños, los números cambian. A partir de allí comenzarán a interpretarse con la vibración predominante del periodo amparada por el número **8**.

Los meses delicados de este estudio son los de julio, agosto y octubre. Vemos que están energéticamente influidos por los números 15, 16 y 18 respectivamente.

Es un buen momento para hacer un recuento en nuestros estudios. Hagamos ahora un resumen mediante el uso de las tablas de lo que hemos visto en numerología mediante "**el método de Mahalaet**".

Para el ejemplo del 4 de julio de 1994 los resultados son:

| A | AA | E | AA+E |
|---|---|---|---|
| 7 | 10 | 15<br>16 | 7<br>8 |

| AA+E | 1 | 2 | 3 | 4 | 5 | 6 | 7 | 8 | 9 | 10 | 11 | 12 |
|---|---|---|---|---|---|---|---|---|---|---|---|---|
| 7 | 8 | 9 | 10 | 11 | 12 | 13 | 14 | | | | | |
| 8 | | | | | | 15 | 16 | 17 | 18 | 19 | 20 | |

En la tabla podemos observar que a cada mes lo acompaña un número vibratorio en particular.

Resulta tedioso y engorroso para mí y seguro para usted también, amigo lector, el colocar la interpretación de cada mes aquí, más aún cuando se trata de un ejemplo ficticio ya que no conozco a nadie nacido este día 4 de julio de 1994.

Supongo que a esta altura de la obra ya ha realizado algunos cálculos, es tiempo de adherir la energía numérica que predomina cada mes. No olvide que al final, a manera de apéndice, se encuentra la interpretación de todos los arcanos del 0 al 22.

Sugiero que haga una pausa con el propósito de relacionarse con el método y con su interpretación. Lo mejor para ello es la práctica, pues versa un refrán antiguo que dice: "La práctica hace al maestro". Esto lo llevará además a una familiarización más estrecha con su seguridad personal en el momento de dar un criterio interpretativo.

**Estudio de un día en específico**

Una vez alcanzada la *vibración predominante* y la **energía vibratoria del mes**, podemos proseguir a encontrar los estados vibratorios que acompañan un día en particular. Para ello basta con sumar a la vibración del mes el número del día que desea consultarse.

La ventaja que nos entregan la numerología, la astrología y la cábala es que podemos deslizarnos por el pasado, el presente o el futuro de una persona, cosa o situación.

Podemos ver el detalle diario para el ejemplo que venimos contemplando. Recordemos a la persona nacida el 4 de julio de 1994.

Para el año 2010 hemos llegado a tener los siguientes resultados mes a mes:

| AA+E | 1 | 2 | 3 | 4 | 5 | 6 | 7 | 8 | 9 | 10 | 11 | 12 |
|---|---|---|---|---|---|---|---|---|---|---|---|---|
| 7 | 8 | 9 | 10 | 11 | 12 | 13 | 14 | | | | | |
| 8 | | | | | | 15 | 16 | 17 | 18 | 19 | 20 | |

Tomemos aleatoriamente un estudio para el mes de abril. Deseamos saber qué tipo de condiciones rodean a este ser el día 22 de abril.

Como el mes de abril vibra con el número 11, basta con sumarle a este número el día que deseamos consultar. Tendremos lo siguiente:

Vibración del mes: 11
Día: 22
Vibración del día: 33= **6**

Este día 22 de abril del 2010 vibra para nuestro ejemplo con la energía *de las indecisiones y las vacilaciones, además que promueve las relaciones románticas. Es un día de dudas, incertidumbres y dispersión, posiblemente nuestro personaje se encuentre con alguna ilusión sentimental o reciba un detalle bonito de alguna conquista. No olvidemos que el mes en estudio vibra con un 11, por lo que podemos decir que si el personaje es una dama, de seguro flechará a alguno; si se trata de un caballero, será flechado.*

Inventémonos algo. Supongamos que la persona de nuestro ejemplo desea ir a ver a su abuelita en su cumpleaños el día 26 de noviembre del 2010. Veamos qué pasa con tal fecha.

**Vibración del mes de noviembre:** 19
**Día:** 26
**Vibración energética de ese día:** 45= 9

Empecemos por considerar que la *vibración predominante del periodo* es **8**. Recordemos que, como tiene 16 años, algunas cosas no andan de lo mejor y eso lo hace sentir encerrado, un poco introvertido por la acción de este 8. En el mes de noviembre vive el 19, *número de relaciones, amistades, compañías y sociedades armónicas. Esto puede traer para el consultante un mes ameno con las personas que existan a su alrededor.* Este será entonces el consuelo a aquellos meses impregnados con el 8.

El día 26 de noviembre en específico veremos que se encuentra influenciado por la acción del número 9. *Este número lo invita a viajar y compartir conocimientos elevados, comunicarse con propiedad y con algo de espiritualidad. Es posible que este día se sienta muy motivado a desear que alguien lo acompañe donde su abuelita y que de paso puedan compartir cosas interesantes sobre filosofía o ciencia. De ser así, sentirá una fascinación y un agrado profundo hacia esa o esas personas.*

¡Supongo que ya estudió cómo vibra el día de hoy en específico para usted! Si es así podemos analizar algo más, algo que nos acerca a este momento en el que usted está leyendo estas líneas.

### Estudio de una hora en específico

Las horas del día están cargadas de la misma egrégora numerológica. El reloj es culpable de ello. En todo momento estamos colocando la mente en este particular medidor del tiempo. Las horas no solo presentan un valor esencial en el desenvolvimiento energético de la numerología, sino que también lo están desde la influencia etérea de la astrología.

Las horas planetarias son como un desfile de las energías de los planetas. Sobre ellas encontrará un estudio en el apéndice de mi obra *El Yo y la destrucción de demonios*. También menciono algo sobre esto en mi libro *En el aura de Dios*. Sin ánimo de salirme del tema, aclaro que el estudio de las horas planetarias puede considerarse un asunto de suma importancia, pues la sabia elección acerca de estas puede ayudarnos en la toma de decisiones.

Una vez que hemos logrado determinar la esencia que presenta un día en particular, nos es posible considerar una hora específica para realizar alguna acción o simplemente para averiguar qué sucedió, sucede o sucederá en esa hora que tenemos en estudio.

Con el dato de la vibración de un día en particular se inicia el estudio de sus horas.

Si un día no es propicio para algo importante que queremos hacer, es aconsejable esperar y desarrollar alguna otra actividad. Por otra parte, si estamos sujetos a una cita, reunión o circunstancia y los números no son aptos para ese día, si no tenemos opción de cambio, entonces la solución la entrego más adelante cuando enseño a construir talismanes con la energía de los números. De este modo usted puede hacer que la energía sea armónica para tal momento. Si existe la opción de cambiar la cita o la reunión, lo más apropiado en este caso es estudiar bien una hora propicia durante el nuevo día fijado que armonice con lo que deseamos realizar.

Continuando con el ejemplo de la persona nacida el día 4 de julio de 1994, queremos saber cómo ha de ser el comportamiento de las horas del día en que decide ir de visita donde su abuelita. La fecha fijada es el 26 de noviembre de 2010.

**Vibración del mes de noviembre:** 19
**Día:** 26
**Vibración energética de ese día:** 45 = **9**

Con la vibración energética del día iniciamos nuestro estudio. En este caso tomamos el número 9. Habíamos quedado en que *sería un día de filosofías, conocimientos y andanzas. También se habló de que era posible un encuentro en grata compañía a causa de la vibración del mes (19).* Ahora queremos saber cómo transcurre parte de la mañana para esta persona.

Comencemos por el tramo que va de las 8 a.m. a las 11 a.m.: Para ello necesitaremos sumar a la vibración del día cada una de estas horas:

Vibración del día:  9
Hora                8
Vibración de la hora: 17

*Esto indica que en su viaje se tienen muchas esperanzas, anhelos de realizar algo especial o de cumplir alguno de sus deseos (17).*

Hagamos una tabla para analizar las horas del día en estudio:
Vibración del día: **9 +**

| 8 a.m. | 9 a.m. | 10 a.m. | 11 a.m. |
|---|---|---|---|
| 17 | 18 | 19 | 20 |

Aquí podemos observar que a las 9 a.m. *estará con algunas confusiones pasajeras, la energía promueve un espacio de duda e insatisfacción. Es posible que lo aborde un pensamiento negativo o que simplemente escuche algo que no le agrade (18).*

A las 10 a.m. *estará disfrutando de la compañía de alguien, además se sentirá muy plácid@ y radiante en medio de quien se encuentre (19).* A las 11 a.m. *se encontrará algo soñador@, con deseos de realizar las ideas de su mente, y una alegría de buenos propósitos puede abordar su corazón (20).*

Las vibraciones correspondientes al periodo a.m. son similares a las que se desarrollan luego de pasado el meridiano (p.m.). Sin embargo, existe una ligera sobre-emanación de energía que ha sido mentalmente creada al contemplar la hora militar.

Después de las doce del día debe considerarse como energía de fondo la hora militar, es decir las 13, las 14, las 15 horas y más. Cualquier hora después del mediodía debe analizarse tanto convencionalmente como militarmente.

Como ejemplo podemos observar una hora que sobrepase el meridiano y con ello nos quedará claro este concepto. Veamos cómo se analiza las 8 p.m. en ese día.

Vibración del día: **9**
Hora cotidiana: 8 p.m.
Hora en sentido militar: 20 horas

La energía inicial se encuentra en relación a la suma de la vibración del día 9 con la de la hora que es 8. De este modo obtendremos nuevamente el número 17, el mismo que vibró a las 8 a.m.

Sin embargo, en este caso existe una energía de fondo con la hora militar que trae por resultado el número 29, donde 2+9 = 11. Aclarando este hecho tenemos:

| | |
|---|---|
| Vibración del día: | 9 |
| Hora militar 8 p.m: | 20 |
| Vibración secundaria de la hora: | 29 = 11 |

Se interpreta que a esa hora igual *vivirá algunas esperanzas y anhelos por realizar algo, pero detrás se oculta el número 11 indicando que tales intenciones pueden vivirse de un modo pasivo con la fe de que sea realizable dentro de un ambiente tranquilo y fluido. En este caso sería mejor si se pudiera contar con la ayuda de una mujer influyente.*

Aquí termina parte del método de Mahalaet, con el mejor deseo de que lo haya comprendido a cabalidad. Cada uno haga sus estudios personales, observe su año, su edad, sus meses, sus días y sus horas. Con el pasar de los días ya tendrá una práctica especial sobre este tipo de estudio numerológico.

Como dato curioso diré que un día estuve buscando las proximidades de la lotería regional con este método y el desfase fue mínimo. Yo nunca me he ganado algo y los juegos de azar me son esquivos. Invito al lector a ensayar, quizá entre muchos alguno cuente con suerte.

## 2. Descriptivo

Si ya hemos comprendido el modo en que trabajan los números, entonces nos será fácil comprender la mecánica de este método.

En los estudios numerológicos existen muchas técnicas que pueden ser fácilmente estudiadas. Podría decirse que cada libro relacionado con el tema posee sus propios sistemas numerológicos, algunos muy acertados, otros no tanto. Como mi interés no es competir, sino ilustrar, doy inicio a las nuevas explicaciones relacionadas con el *"método de Mahalaet"*.

Ya vimos en el tema anterior el modo en que se calcula el Arcano de Cuna. Ahora nos resta hacer las asociaciones correspondientes a esta vibración.

El Arcano de Cuna resume todo el cúmulo energético de las distintas vibraciones que traemos del día, mes y año. Todas estas emanaciones se acomodan energéticamente a nuestra esencia más íntima, nuestro ser Superior.

El Arcano de Cuna es nuestra energía numérica más fuerte, influyente y característica. Lo respaldan otras energías que no deben desdeñarse, ya que ellas representan nuestro modo de comportamiento secundario.

Ahora veamos estas energías en detalle.

**El día del nacimiento**

La fecha de nacimiento está relacionada con la emanación calendárica de un día en específico. Nuestra mente se encuentra gobernada por esa influencia. Por esta razón dentro de esta obra llamaremos a la vibración del día de nacimiento "el número Personal". Enfatizo en que no es el número de la personalidad, sino el número personal. Veamos las diferencias entre estos dos conceptos.

La personalidad no es algo que pueda definirse con una sola herramienta.

En un ser la personalidad es todo el conjunto armónico o inarmónico de sus vibraciones personales, cómo actúa, siente, piensa, medita, ama, vive, comparte y más. La numerología y cualquier otra herramienta resulta limitada para definirla plenamente.

Es común encontrar que los astrólogos definan la personalidad mediante la fuerza del ascendente. Esto es un error, ya que no se puede describir como una sola energía. El ascendente por sí solo define la actitud del Alma. Queda por conocer una gama de energías que son parte de la personalidad de un individuo, entre ellas la vibración del Espíritu definida por la posición del Sol al momento de nacer.

Otras energías se pueden describir del siguiente modo:

* El modo de pensar está influenciado por la posición de Mercurio.

* El modo de amar, por Venus acompañado de la quinta y séptima casa astrológica.

* Las finanzas, por medio de la segunda casa o sector astrológico. También es necesario en este caso observar la energía de Júpiter que trae la fortuna y la generosidad.
* La responsabilidad la promueve la energía de Saturno.
* El amor a Dios es regido por la energía de Júpiter, Neptuno y Plutón.
* La sensibilidad, por la posición de la Luna.
* La libertad e independencia con la energía de Urano.
* La iniciativa y el coraje, por la influencia del planeta Marte.

Sin embargo allí no termina de definirse la personalidad de un individuo. Luego de esto vienen las buenas y malas relaciones que presentan esos astros entre sí en el día del nacimiento.

Como si fuese poco, para poder decir "sí, esta es la personalidad de alguien", es necesario considerar otras energías como lo son: el nombre de la persona, las vibraciones *Tátwicas* y las biorrítmicas al momento de nacer. Todo esto nos podría dar un amplio criterio acerca de cómo es la personalidad con la que nace un ser.

Luego viene otro factor determinante que es la cultura en la que se nace, ya que este es el agregado mental que una comunidad aporta a la personalidad de un individuo.

Esto sin contar con los patrones familiares heredados que son vicios y manías conductuales que traemos de nuestros ancestros. De ellos es difícil separarse, ya que se traen en la sangre. De este tema se está encargando la psicología moderna con sus estudios llamados: Gestalt, Guion mental, Terapia Transgeneracional y otros más que nos ayudan a solucionar esos patrones de familia.

Concluimos entonces que la personalidad no es algo que pueda definirse mediante un número, sino que se relaciona con muchos aspectos. Por las razones ya expuestas, el número personal es algo totalmente diferente de lo que conocemos como la personalidad de un individuo. La numerología no es una ciencia que abarque totalmente este concepto.

**El número Personal**

El número personal solamente describe nuestra conducta mental, nuestro razonamiento interno, no la personalidad.

El número personal de toda criatura, energía o cosa se encuentra al considerar el día de su nacimiento. Para ello debemos fijarnos en los días del mes. Ya sabemos que después del día 22 debemos hacer la reducción cabalística.

Continuemos con el ejemplo que teníamos en el método predictivo. Recordemos la fecha: 4 de julio de 1994.

El número personal de este individuo es el número **4**.

Veamos lo que describe este número para el comportamiento de sus pensamientos. Para ello extraigo esta información desde el apéndice de esta obra.

Interpretación mántica del número cuatro

*Es claro entender que este número trata acerca de una reunión de fuerzas, por tanto relaciona las uniones, la congregación de energías, la seguridad, la concreción, la firmeza y la estabilidad.*

*El cuatro relaciona también tratos con la materia. Nos habla de cosas que se obtienen a través del logro, la búsqueda de la estabilidad y la seguridad material, la comunicación con la naturaleza y el orden por establecerse.*

*Los nativos de este número (incluyéndome) presentan a lo largo de su vida una necesidad continua de establecerse en las distintas áreas y de organizar su propio mundo. Son ahorrativos y en ocasiones muy resguardados dentro de sí mismos. Aun cuando no sean el centro de su círculo social, son pieza fundamental para ello. Se motivan hacia los principios de los cuatro elementos.*

*Se inclinan por profesiones relacionadas con la naturaleza, la cual es su principal fascinación. Es común verlos en áreas como: física, matemática, mecánica, botánica, química, entre otras. Todo lo que represente concreción, naturaleza y forma.*

*El nativo de este número en todo momento busca seguridad, confianza y estabilidad. En algunos casos puede tornarse un poco introspectivo; en otros, algo materialista y quizá egoísta debido a su prisa por conservar las cosas materiales.*

Ahora revise el número con el que vibran sus pensamientos. Esto lo ayudará a conocerse un poco más a usted mismo. Realice prácticas con los suyos, le será muy útil en el dominio del método.

Recuerde que todavía faltan muchas fuerzas por definir, por lo que aún es prematuro intentar describir a un individuo.

El número personal denota inclinaciones a una conducta particular del ser, nos describe el modo en que se opera internamente.

El número Personal es una energía que solo usted y los nacidos el mismo día poseen de un modo particular.

En el curso de un mes se presentan las 22 vibraciones o Arcanos que nos caracterizan y nos distinguen a unos de otros.

Ahora vamos a exteriorizarnos un poco ya que debemos tratar acerca de otra energía algo compartida y que nos relaciona con otro ser.

Si bien este número nos comunica con el entorno, no es considerado como el número social que estudiaremos más adelante.

**El número exterior (Tú)**

El número del *Tú* lo brinda el mes en que nacimos.

Llamaremos así al número que nos ayuda a exteriorizarnos y a colocarnos en relación con otro ser. En otras palabras, esta vibración define el tipo de relación que puede existir con la energía de otra persona.

Este número del *Tú* nos enseña la manera en que nos relacionamos con otro, no con otros. La interacción con un grupo de personas se valorará cuando tratemos acerca del número social.

El número del *Tú* nos indica el modo en que nos relacionamos con otra persona. Representa la manera en que nos comportamos cuando estamos ante la presencia de alguien, la sensación que le plasmamos y el modo en que nos acogen.

Sin embargo, no se puede considerar a la energía del *Tú* bajo una definición simple dada por el número del mes en que nacimos, ya que esto nos colocaría en una situación inconforme.

Existen dos tipos de energías para cada mes con lo que hay dos tipos de número del *Tú*. Ahora se hace necesario aclarar esto desde los estudios de la astrología.

La causa es que en el transcurso de un mes se presenta un cambio de constelación en la posición del Sol. Normalmente hasta el 21, 22 o 23 de cada mes tenemos la presencia energética de una constelación, luego se presenta otra.

Es importante en el número del *Tú* considerar este aspecto. El número del *Tú* de un Aries no es igual al número del *Tú* de un Tauro, aunque ambos compartan el mismo mes de abril y su número del *Tú* sea un 4.

Supongamos que alguien nace el 23 de abril. Esta fecha ya se encuentra en los dominios del signo zodiacal de Tauro. Diríamos que al reducirlo nos trae la vibración del 5 como número *Personal*. Este es el número del consejero, del orientador y de la organización. Esta energía en un taurino muestra a un individuo que da consejos seguros, firmes y calculados, que actuará de manera ecuánime y sin vacilaciones en su juicio aun cuando se encontrase equivocado. Todo esto debido a la acción de Tauro. Si analizamos a alguien que nació el 5 de abril, presentará entonces el mismo número *Personal*, pero con la conducta de un ariano: rápido, impulsivo, dará consejos con el hígado, será algo inquisitivo y tendrá el deseo de ser escuchado con prontitud. Deseará que se pongan en práctica de inmediato sus consejos y quizá dedique de sí mismo para ayudar en aquello que aconsejó.

Como vemos, tanto el número del *Tú* como el *Personal* se encuentran estrechamente ligados a las vibraciones etéreas de los astros. Por tal motivo, lo invito a considerar el hecho de estudiar algo más acerca de los signos zodiacales para que su análisis sea efectivo.

La siguiente tabla nos muestra la fecha de entrada del Sol en cada signo zodiacal y su relación con el número del *Tú*.

| SIGNO | DESDE - HASTA | # Tú |
|---|---|---|
| Aries | 21 de marzo al 21 de abril | 3/4 |
| Tauro | 21 de abril al 21 de mayo | 4/5 |
| Géminis | 21 de mayo al 21 de junio | 5/6 |
| Cáncer | 21 de junio al 23 de julio | 6/7 |
| Leo | 23 de julio al 23 de agosto | 7/8 |
| Virgo | 23 de agosto al 23 de septiembre | 8/9 |
| Libra | 23 de septiembre al 23 de octubre | 9/10 |
| Escorpión | 23 de octubre al 23 de noviembre | 10/11 |
| Sagitario | 23 de noviembre al 23 de diciembre | 11/12 |
| Capricornio | 23 de diciembre al 20 de enero | 12/1 |
| Acuario | 20 de enero al 21 de febrero | 1/2 |
| Piscis | 21 de febrero al 21 de marzo | 2/3 |

Con el ejemplo del 4 de julio de 1994 entenderemos que el número del *Tú* de esta persona es el mes séptimo.

El número 7 es el de las personas exitosas. Sin embargo, en este caso el exitoso se encuentra cobijado por la influencia zodiacal de Cáncer, lo cual indica que es un exitoso prudente, muy emocional y a la espera de que los resultados sean satisfactorios. Poco hará por promover sus triunfos, pero sembrará las semillas para que estas por sí mismas broten.

Sus mayores victorias las logrará en el ambiente sentimental, donde considerará un triunfo poder relacionarse con otro ser de una manera armónica, con amor, cariño, ternura y protección. Cáncer es un signo emocional y por esto los nativos de este signo guardan profundos cariños así como resentimientos.

Nuestro personaje en el *Tú* puede expresarse con otro en medio de grandes alegrías o profundas tristezas, pero con el 7 de fondo logrando convencer exitosamente a la otra persona de su profundo sentir.

Aprovechemos el ejemplo para profundizar en el análisis de este número 7 para las personas de julio. Esto nos servirá para perfeccionar nuestro conocimiento acerca del número del *Tú*.

Hasta el 23 de julio tenemos presente la energía cósmica de la constelación de Cáncer. Los cancerianos somos románticos, amorosos, cariñosos, temerosos, algo cobardes y demasiado sentimentales.

Después del 23 de julio tenemos la influencia de la constelación de Leo. Estos individuos son enérgicos, dinámicos, entusiastas, triunfadores, fuertes de carácter, altamente competitivos, orgullosos y muy sociables.

El número del mes de julio, que es 7, promueve a personas triunfadoras, enérgicas, con deseos de prosperidad, anhelos de victoria, competitivos por el éxito y realmente triunfadores.

Al hacer una valoración entre los signos que comparten la energía del mes 7, Cáncer y Leo, veremos que las condiciones del mes se ajustan con mayor propiedad a las personas de Leo, las cuales están íntimamente relacionadas con esta energía por la acción de su signo solar.

Con este criterio surge otra tabla, una que nos diga quiénes son los que mejor se asocian con la energía de su número *Tú*.

| #Tú | Mes | Signos asociados al mes | Con énfasis en |
|---|---|---|---|
| 1 | Enero | Capricornio y Acuario | Acuario |
| 2 | Febrero | Acuario y Piscis | Piscis |
| 3 | Marzo | Piscis y Aries | Aries |
| 4 | Abril | Aries y Tauro | Tauro |
| 5 | Mayo | Tauro y Géminis | Géminis |
| 6 | Junio | Géminis y Cáncer | Cáncer |
| 7 | Julio | Cáncer y Leo | Leo |
| 8 | Agosto | Leo y Virgo | Virgo |
| 9 | Septiembre | Virgo y Libra | Libra |
| 10 | Octubre | Libra y Escorpión | Libra |
| 11 | Noviembre | Escorpión y Sagitario | Escorpión |
| 12 | Diciembre | Sagitario y Capricornio | Capricornio |

Si observamos la tabla con detenimiento, para Sagitario no hay un número específico del *Tú* que caracterice su energía. Esto se debe a que los meses en relación con este signo son el 11 y el 12, pero Sagitario no presenta de pleno la actitud completa de ninguno de ellos. Sin embargo, un sagitariano del mes 11 es una persona un poco más tranquila y pausada. Si se trata de una mujer, entonces veremos a una sagitariana con poder. El sagitariano del mes 12 de algún modo en medio de su entusiasmo por la vida puede llegar a sacrificarse por otros cuando la situación lo requiera.

Recuerde ir al apéndice para ver cuál es la vibración del número del *Tú* que le corresponde.

La siguiente energía que vamos a estudiar es el *Número Social*.

**Número Social**

Lo llamo social porque esa es la vibración más compartida que poseemos. Todas las personas nacidas dentro del período específico de un año comparten una misma energía numérica y en ella se recogen todas las doce vibraciones existentes del *Tú*. Esta vibración la otorga la cifra numérica del año. Por ejemplo, todos los nacidos en 1972 presentan la misma energía vibratoria del número 19.

Este número denota nuestro comportamiento en público, es la exteriorización de nuestra energía cuando se encuentra en ambientes grupales. Consideremos que un grupo se forma a partir de tres personas: el interlocutor y dos acompañantes. En tal caso diré que cuando un individuo se halla en la compañía de más de una persona, ya está bajo el influjo del número *Social*.

Todos los años presentan una energía característica que estudiaremos a partir de ahora.

Nuestro calendario nos enseña que ya sobrepasamos el año 2000 después de la venida de nuestro Señor Jesucristo. Por lo tanto, los cálculos de los años deben ser necesariamente reducidos de modo cabalístico.

Recordemos a nuestro personaje nacido en el año 1994. Para conocer su número social debemos efectuar la siguiente operación:

$1+9+9+4= 23 = 5$

El 5 es el número *Social* de este personaje y de todos los que hayan nacido en ese mismo año. Tienen la energía para ser consejeros, orientadores, expositores, docentes y buenos críticos. Esta vibración se activa solamente cuando se encuentran dentro de la energía de un grupo.

No olvide ir al apéndice para estudiar su *Número Social*.

Normalmente todas las personas nacidas bajo la influencia energética de un número *Social* presentan un comportamiento similar cuando se encuentran en grupo. Tomando la misma consideración que en el número del *Tú*, podríamos decir que se hace necesario ampliar nuestro criterio del número social amparándonos en la astrología.

Revisemos ahora nuestro ejemplo. Ya sabemos que nuestro personaje tiene al 5 en su *Número Social*. Pero todas esas personas nacidas en ese año 1994 son cobijadas por la influencia de los distintos signos zodiacales. Eso hace que existan doce tipos de número 5 para ese año en el *Social*.

En nuestro caso tendremos que analizar a un número *Social* 5 con signo zodiacal Cáncer. Ya he dicho que los cancerianos normalmente son emotivos e introvertidos. La energía del 5 en lo *Social* para este personaje nos señala que opina solo si se le consulta, escucha las disertaciones de los demás pero no se involucra, salvo que sienta que su intervención puede ser de utilidad, o simplemente participa si se ve obligado a hacerlo. Por otra parte, sus consejos son bastante emocionales y por lo común consoladores, conciliadores y complacientes.

Es muy importante hacer esta asociación entre la numerología y la astrología para emitir criterios acertados acerca del pensamiento y el comportamiento de un individuo.

Una vez comprendidos los conceptos del *Arcano de Cuna*, el número *Personal*, el del *Tú* y el *Social*, procederemos a realizar un resumen de las energías estudiadas en el método descriptivo.

La siguiente tabla recoge todos los conceptos para el ejemplo del 4 de julio de 1994.

| Arcano de Cuna | Número Personal | Número del Tú | Número Social |
|---|---|---|---|
| 7 | 4 | 7 | 5 |

Esta tabla puede visualizarse así:

| AC | P | Tú | Social |
|----|---|----|--------|
| 7  | 4 | 7  | 5      |

Ahora una descripción resumida de las energías que gobiernan mentalmente a este personaje:

Se trata de alguien con éxito. Su **Arcano de Cuna** lo lleva a alcanzar sus objetivos con empeño y dedicación (7).
En su número **P** es un 4. Denota a una persona consolidada, firme y estable, con grandes aspiraciones por alcanzar logros materiales. Busca la seguridad en todos los ambientes con el ánimo de sentirse mejor. Todo esto a la manera pacífica y discreta de Cáncer.

Cuando se relaciona con otro ser el número del **Tú** indica que lo hace de forma influyente alcanzado el éxito de sus propósitos (7). Es muy posible que debido a la acción energética de este número presente una fuerte influencia sobre otro y lo haga de una manera sutil y respetuosa.

La energía que lo caracteriza cuando comparte en reuniones o en masa es la del número 5, su número **S**. Esto nos indica que fácilmente logra la atención de los otros por su tendencia a dirigir y orientar las mentes de los involucrados, ya que en grupo se convierte en un perfecto organizador y crítico. Recordemos que esto solamente se presenta si se siente invitado a participar, abandonando así su estado introspectivo de Cáncer.

Ahora te invito a realizar tus propios cálculos antes de proceder al siguiente estudio, el cual nos permitirá comparar las energías de un ser con las de otro.

**Sinastrías numerológicas**

En astrología existe un tema llamado Sinastrías. Este se refiere a un estudio comparativo entre las vibraciones de un ser con las de otro. Una sinastría nos permite analizar comportamiento de la energía en ambas direcciones, lo que el uno puede esperar del otro y viceversa.

Esto mismo ocurre con las emanaciones de los números, por eso me permití llamar Sinastría a este estudio que involucra las emanaciones numerológicas de las personas.

Este método es simple. Basta con sumar los estados vibratorios de una persona con los de otra a través de los números.

Como ya tenemos un ejemplo ficticio necesitaremos inventarnos otro y decir que se trata de un compañer@ de estudio de nuestro personaje. Requerimos de un ser con una edad cercana.

Nuestro nuevo ejemplo es alguien nacido el 13 de marzo de 1995.

Iniciemos los cálculos encontrando el *Arcano de Cuna* y luego nos dedicaremos a hacer las descripciones correspondientes a las emanaciones energéticas de esta persona.

Arcano de Cuna
Año   1995 (donde 1+9+9+5= 24 = 6)
Mes   3
Día   <u>13</u>
      2011, donde 2+0+1+1= **4**

Ahora vamos a realizar nuestra tabla de números.

| AC | P | Tú | cial |
|----|---|----|------|
| 4  | 13 | 3 | 6 |

Interpretando este conjunto de números de un modo ligero y práctico diremos:

Su *AC* es 4. Muestra a una persona segura, enérgica, determinante, consolidada en sus propósitos y con grandes aspiraciones materiales. El personaje ficticio es un Piscis, por lo que se puede mostrar vacilante para alcanzar tales metas.

El número **P** es el 13, el número de los comienzos y los nuevos proyectos. Es una energía que lo invita a reiniciar continuamente sus planes. En otras ocasiones lo conduce a finalizar ciclos personales de amistades, relaciones, creencias y otros para comenzar a dar vida a nuevos ideales.

En el *Tú* es una persona amena, de buena comunicación, con buenas ideas y que se percibe como alguien muy inteligente. Cuando se relaciona con otro resulta muy elocuente. Al ser un Piscis tiende a confundir o a confundirse aunque lo haga de buen corazón, ya que Piscis siempre piensa en el otro más que en sí mismo.

En su número **S** tiene un 6. Esto l@ convierte en una persona algo tímida e indecisa en público. La influencia de este número puede conducirle a actuar como una persona coqueta si se lo propone. Pero como es un Piscis entonces lo hará de modo agradable pero temeroso, con algo de simpatía y don de servicio.

Esta es una descripción a manera de repaso, porque el tema ahora es comparar la energía de este amig@ con la energía del personaje de nuestro ejemplo.

Verifiquemos las tablas de ambos:

Persona 1: 4 de julio de 1994

| AC | P | Tú | Social |
|---|---|---|---|
| 7 | 4 | 7 | 5 |

Persona 2: 13 de marzo de 1995

| AC | P | Tú | Social |
|---|---|---|---|
| 4 | 13 | 3 | 6 |

Si sumamos las energías de uno y de otro tendremos que hacer una nueva tabla que reúna los conceptos de todos los números:

|            | AC | P  | Tú | Social |
|------------|----|----|----|--------|
| Persona 1  | 7  | 4  | 7  | 5      |
| Persona 2  | 4  | 13 | 3  | 6      |
| Resultado  | 11 | 17 | 10 | 11     |

Analicemos los resultados. La energía entre estos dos personajes fluye del siguiente modo:

Para empezar observemos que en los resultados se hace presente dos veces el número 11. Uno de ellos es el *Arcano de Cuna*, la mayor vibración presente.

Si se tratase de una mujer y un hombre, la fémina tendrá entonces un eje de dominio sobre él. Si el caso relaciona dos mujeres, ambas se enlazan en una energía poderosa que ejercerá acción sobre los hombres. Si son dos hombres, ambos serían tímidos y débiles, demasiado prudentes para actuar el uno ante el otro, siempre dejando que la otra persona tome las decisiones.

¿Pero cuál de los dos? Normalmente quien posea un número mayor en cada área será el más invitado a liderar las energías entre las dos personas. En este caso, el del *Arcano de Cuna 7*.

Este 11 también narra que la energía de amb@s crea espacios armónicos donde se negocia claramente y con buenas intenciones dentro de un clima pacífico.

Analizando el número *P* vemos que la energía los lleva a que cada uno presente una serie de esperanzas sobre el otro, ilusiones y metas por cumplir. Esto se vivirá en la mente de cada uno. (Número P = 17)

En el *Tú* tienen un 10. Esto significa que habrá una energía que los llevará a presentar un cambio constante en sus actitudes.

La vibración del número Social es de nuevo el 11. Esto indica que en gremios de amigos o relaciones sociales serán vistos como una pareja de personas tranquilas y amigables, que logran sus objetivos de modo pacífico y con una fuerte confianza en sus objetivos.

Realice usted sus cálculos, relacione sus números con los de otra persona y se dará cuenta del modo en que fluye la energía entre ustedes dos. No olvide ir al apéndice.

Hasta aquí podemos analizar el método descriptivo, pero aún falta mucho por descubrir tras la energía de los números.

A continuación veremos que este método se puede proyectar sobre el tiempo con cada una de estas energías. Si hacemos una fusión entre el método descriptivo y el predictivo podremos descubrir cosas muy interesantes y encontrarnos con grandes sorpresas.

**Ampliación del método predictivo**

En el método predictivo hicimos una serie de cuentas relacionadas únicamente con el *Arcano de Cuna*. Con ello nos dimos cuenta de la manera en que las energías de un año, la edad, el mes, el día y las horas presentan una marcada influencia sobre nuestras vidas.

La fusión de los dos métodos nos permite ver que no solamente con el *Arcano de Cuna* se mueven estas energías numéricas, sino que también lo hacen con los números *Personal, del Tú y el Social*.

Una manera de hacer el tema comprensible es apoyarnos en las tablas que hemos venido estudiando, ya que son de una valiosa ayuda en la organización de las ideas y las cuentas.

Regresemos al ejemplo del 4 de julio de 1994. Recordemos además las energías que se presentaron durante el año 2010. El siguiente cuadro nos resumió estas cuentas de la siguiente manera:

| A | AA | E | AA+E |
|---|----|----|------|
| 7 | 10 | 15 | 7 |
|   |    | 16 | 8 |

Ahora hagamos una tabla parecida pero con todas las vibraciones en juego. Cada una de las cifras las trataremos en orientación vertical para hallar en cada columna el resultado que buscamos.

En los renglones sombreados colocaré los resultados de cada cuenta de modo que sea fácil y comprensible analizar dicha tabla.

|  | AC | P | Tú | Social |
|---|---|---|---|---|
|  | 7 | 4 | 7 | 5 |
| Año | 2010 | 2010 | 2010 | 2010 |
| Suma | 2017 | 2014 | 2017 | 2015 |
| Energía Actual (AA) | 2+1+7= 10 | 7 | 10 | 8 |
| Edad | 15 / 16 | 15 / 16 | 15 / 16 | 15 / 16 |
| AA+E | 7 / 8 | 22 / 5 | 7 / 8 | 5 / 6 |

Deslizándonos por la primera columna, la del Arcano de Cuna, analicemos un poco con atención lo ocurrido con la **Energía Actual o Arcano Actual** del *Arcano de Cuna*.

Tomamos el Arcano de Cuna (7) y le sumamos el año (2010) en la fila correspondiente al **Año** y nos dio como resultado 2017. En la siguiente fila (**Energía Actual**) hice la suma cabalística de este resultado 2+1+7 = **10**.

Para no repetir el modo de suma en los siguientes recuadros, lo sinteticé con el número producto de la reducción cabalística.

Una vez adquirido el valor del año en la fila que dice Energía Actual o AA (Arcano Actual), le sumé en la siguiente fila las dos edades que se presentan durante el año 2010 (15/16). Esa energía del año actual sumada a la edad nos arroja los resultados que existen en la fila **AA+E** ya cabalísticamente reducidas (7/8).

Espero no sea confusa esta tabla. Sin embargo, si así lo fuera, con la siguiente explicación aspiro a que quede completamente clara, para ello me basaré en el ejemplo donde detallaré lo que ocurre en una sola columna.

Tomaré la columna del *Tú*, aprovechando que en este caso es similar a la del Arcano de Cuna.

|  | Tú |
|---|---|
| Mes del nacimiento | 7 |
| Año en curso | **2010** |
| Resultado de la suma | 2017 |
| Resultado cabalístico (Energía Actual) | 10 |
| Edad antes y después del 4 de julio | 15/16 |
| Suma cabalística de EA+E: 10+15=25=7 | 7/8 |
| En el segundo periodo EA+E: 10+16=26=8 | |

Con esta aclaración ya podemos darle un vistazo a la tabla y comprender el modo en que se encuentran dispuestas las energías. Los resultados que consideraré para la interpretación son los que están en los renglones sombreados.

Tengamos en cuenta el dato de la Edad. Recordemos que si se trata de alguien que sobrepase los 22 años la cifra de su edad debe reducirse cabalísticamente de modo que el resultado quede comprendido entre los veintidós arcanos.

La última fila es la ***Vibración predominante del período AA+E***. Allí podemos observar que antes del 4 de julio la energía presenta un 7, después de esta fecha presenta un 8, ambos resultados para el año 2010.

A continuación interpretemos los resultados por partes.

Lo primero es analizar el comportamiento de la energía del año actual 2010 en esta persona.

Antes lo habíamos llamado Arcano Actual, pero para que no se vea que solo se considera el *Arcano de Cuna*, en este cuadro lo llamaré *Energía Actual*. Así podré relacionar no solamente el Arcano sino que también al número *Personal*, el *Tú y el número Social*.

|  | AC | P | Tú | Social |
|---|---|---|---|---|
| Energía Actual | 2+1+7= 10 | 7 | 10 | 8 |

*Vemos que para el año 2010 el Arcano de Cuna presenta un 10, número de cambios. Esto significa que su energía en general lleva una ruta de cambios importantes para ese año.*

*Esos cambios en el Personal son acompañados por el número 7, lo que indica que son cambios positivos y que su ser interno puede llegar a cosechar buenos triunfos y grandes éxitos. Puede decirse que tiene la convicción de que todo aquello que emprende le saldrá bien.*

En el *Tú* nos encontramos de nuevo con cambios (10). *Esto significa que en su relación con otra persona puede estar presentando algunas variaciones, algún tipo de cambio en su interior de modo que al comunicarse con otro lo haga de un modo diferente a como siempre lo hizo.*

El número *Social* para el 2010 trae la energía de un 8. *Esto indica una apatía a reunirse con otras personas, algo así como un aislamiento, un encierro quizás por considerar que se trate de una pérdida de tiempo, o simplemente porque desea un retiro.*

Esto que acabo de narrar es el curso de la energía mental en general para el año 2010 en la vida de este ser.

Pero estas energías tendrán matices, fuerzas que pueden presentar algunas variaciones importantes a causa de la Edad. Al adicionar la Edad a cada una de las energías en estudio encontraremos las *vibraciones Predominantes del Período*.

|        | AC  | P    | Tú  | Social |
|--------|-----|------|-----|--------|
| AA+E   | 7/8 | 22/5 | 7/8 | 5/6    |

Recordemos que aquí se presentan dos casos: el primero cuando nos encontramos antes del cumpleaños y el segundo cuando lo sobrepasamos.

Para el período que antecede al 4 de julio tenemos un 7 en el Arcano de Cuna, que es su energía más fuerte. *Esto trae la confianza de los éxitos con lo que se puede aventurar a nuevos proyectos alcanzando logros en ello. Esto tiene de fondo al 10 del AA, por lo que quizá esos éxitos lo lleven a hacer cambios importantes en su vida.*

En el ***P*** tiene un 22. *Debe procurar no hacer cosas apresuradas ni entrar en incoherencias, puesto que el 22 es una energía que invita a la acción sin razonamiento. Algunas cosas locas pueden suceder. Es bueno para la aventura y el sentirse en libertad. Sin embargo la EA del P le vibra con un 7, por lo que podrá sentirse confiado.*

En el ***Tú*** también tiene un *7, por lo que su trato con otro será ameno y le traerá oportunidades que conduzcan al éxito. De seguro aparecerá alguien que le traiga glorias o que lo ayude a conquistarlas. La EA del **Tú**, que es un **10**, ocasionará cambios en su vida, quizá un cambio de amistad o relación que será provechoso.*

En el *Social* tiene un 5. Esto se interpreta como una energía que lo convierte rápidamente en el consejero de su grupo de amistades y seres cercanos. Tiene un punto de vista objetivo y las personas de algún modo lo siguen porque se convierte en el guía y orientador de los que están con él. No olvidemos que en la *EA* del *Social* para ese año tiene un 8, aunque será el guía de los suyos, costará un poco que lo logren tener presente en muchos eventos. Habíamos dicho que este año busca el encierro y la concentración.

Esta es una interpretación básica, ya sabe que al hacer sus cálculos puede ir al apéndice para revisar sus números con un criterio mucho más amplio.

***Mes a mes con el método extendido***

Una vez alcanzada la tabla de la ***Vibración predominante del período*** podemos analizar en profundidad la energía que se presenta para un mes en específico, la cual puede ser aplicada en todos los frentes energéticos.

Para ello basta con sumar a la tabla de la ***Vibración predominante del período*** el mes que deseamos consultar. Debemos tener cuidado de tomar el número adecuado de antes o después del cumpleaños.

En nuestro ejemplo deseamos saber cuál será la energía presente en el mes de septiembre del año 2010 para este individuo.

Comencemos por traer la tabla de la AA+E:

|      | AC    | P      | Tú    | Social |
|------|-------|--------|-------|--------|
| AA+E | 7 / 8 | 22 / 5 | 7 / 8 | 5 / 6  |

Tenemos dos valores distintos en cada una de las casillas: uno corresponde al período anterior al 4 de julio y el otro al que sucede a esa fecha.

Como deseamos consultar acerca del mes de septiembre, que es el mes 9, entonces basta con sumar este número a la segunda opción de la tabla. Veamos esto:

|  | AC | P | Tú | Social |
|---|---|---|---|---|
| AA+E | 8 | 5 | 8 | 6 |
| Mes | 9 | 9 | 9 | 9 |
| Resultado | 17 | 14 | 17 | 15 |

Interpretemos un poco:

Desde que nuestro personaje cumplió años, al **Arcano de Cuna** lo afecta el número 8, lo cual *le confiere solidez, concentración, encierro y lentitud en los procesos*. Pero para este mes de septiembre la vibración otorga un 17, con lo que se habla de esperanzas en algún proyecto. Recordemos que en la **Energía actual del año** teníamos un 10, lo que indica que la energía se encuentra en un período de cambios constantes.

En el **Personal** *este mes puede traer consigo algo de estrés, presión interna por cumplir alguna meta o simplemente la sensación de que se camina haciendo lo justo, ni más ni menos (14)*.

Al relacionarse con otra persona a través del número del **Tú**, *recibirá ilusiones, esperanzas, promesas y expectativas. También es posible que sea nuestro personaje quien proyecte estas energías (17)*.

En el número **Social** tenemos un 15, *por lo que septiembre trae en las relaciones con otros algo de pleitos, molestias y disgustos. También actividades donde se requiera coraje y mucha energía tales como competencias, gimnasia o deportes extremos*.

### El día a día

Para descifrar la energía de un día en específico tomamos el resultado de la tabla del mes, tal como se encuentra en el ejemplo anterior. Busquemos inicialmente en la misma tabla las vibraciones relacionadas para el día 24 de septiembre de 2010.

|  | AC | P | Tú | Social |
|---|---|---|---|---|
| AA+E | 8 | 5 | 8 | 6 |
| Mes | <u>9</u> | <u>9</u> | <u>9</u> | <u>9</u> |
| Resultado | 17 | 14 | 17 | 15 |
| Día | <u>24= 6</u> | <u>24=6</u> | <u>24=6</u> | <u>24=6</u> |
| Resultado | 23= 5 | 20 | 23=5 | 21 |

*Este día en especial fungirá como guía. Debido a que el 5 también es el número del **Tú**, entonces puede ser que esta persona se dedique a orientar a alguien relacionado con sus esperanzas y anhelos. En lo **Personal** vive un 20, lo que indica que desea hacer que algunas cosas que ha soñado se puedan cumplir. En lo **Social** tiene para este día un 21, por lo que diríamos que vivirá una serie de transformaciones positivas con su gremio. Esto significa que tendrán una buena imagen de su esencia de ser y que además se pueden llegar a crear proyectos donde lo involucren.*

Para hacer algo diferente buscaré las energías presentes para el día 5 de abril del año 2011. De este modo me veré en la necesidad de hacer todo el procedimiento desde el inicio y de interpretar toda la tabla nuevamente. Con esto podremos realizar una buena práctica.

|  | AC | P | Tú | Social |
|---|---|---|---|---|
|  | 7 | 4 | 7 | 5 |
| Año | <u>2011</u> | <u>2011</u> | <u>2011</u> | <u>2011</u> |
| Suma | 2018 | 2015 | 2018 | 2016 |
| Energía Actual | 2+1+8= 11 | 8 | 11 | 9 |
| Edad | 16 | 16 | 16 | 16 |
| AA+E | 27=9 | 24=6 | 27=9 | 25=7 |
| Mes | 4 | 4 | 4 | 4 |
| Resultado | 13 | 10 | 13 | 11 |
| Día | 5 | 5 | 5 | 5 |
| Resultado | 18 | 15 | 18 | 16 |

Interpretaré a continuación los resultados que se encuentran en los espacios en blanco:

Es claro ver que la **Energía Actual** del año 2011 trae consigo en el **Arcano de Cuna** un 11, lo mismo que en el **Tú**. *Esto significa que será un año donde las cosas fluirán sin mediar muchos esfuerzos. La paz, la calma y la tranquilidad traerán los resultados esperados. En la comunicación con otro se indica que seguramente nuestro personaje se encontrará con la energía de una mujer con autoridad y buen trato.*

En el número **Personal** vemos la presencia de un 8. Esto podría traer *un año sin aspiraciones personales, con poco deseo de explorar nuevas rutas y con gran capacidad de concentración.* En lo **Social** tenemos un 9, *esto significa que se verá acompañado de amigos y personas estudiosas o con alguna filosofía, gente que lo invita a viajar o a estudiar cosas profundas.*

Visualizando la columna del **AA+E** que es la ***Vibración predominante del período***, tenemos en el Arcano de Cuna un 9 que *relaciona intención de búsqueda espiritual, filosófica o de conocimientos, quizás viajes, probablemente todo esto motivado por la presencia de mujeres influyentes. Esto debido a que la vibración del año trae un 11.* En el ***Personal*** vemos un 6 que *invita a amar o a estar algo inseguro de sí mismo, todo esto con la prudencia de fondo del 8, que es el número del año.* El ***Tú*** presenta un 9 *que reafirma que encontrará alguna persona con sentido místico o estudioso.* Recordemos que también tiene de fondo un 11, lo que podría interpretarse *como un acercamiento a una mujer influyente.* En el ***Social*** tiene un 7 *que traerá éxitos con las personas que se relacione. Como en el año tiene un 9, estas personas podrían ser científicas, filósofas o estudiantes de altas aspiraciones.*

Pasemos nuestra vista hacia la siguiente franja blanca que relaciona al mes de Abril del 2011, motivo de nuestra consulta. Tenemos las siguientes vibraciones:

Un 13 en el **Arcano de Cuna** y en el **Tú**, en ambos casos *se dan inicios, cosas nuevas, quizás nuevas amistades, proyectos o* *aspiraciones*. En el **Tú** *encontrará con quien iniciar este tipo de cosas y por otra parte abandonará alguna vieja amistad o relación por influencia del 13 que describe el fin de ciclos*.

En lo **Personal** habrá *cambios internos, algunas variaciones respecto a su modo de pensar*.

En lo **Social** *tendrá la compañía de mujeres influyentes y hará las cosas con calma*.

Finalmente llegamos a entender cuáles son las vibraciones de nuestro personaje para el día 5 de abril de 2011.

Diré que en especial *en este día se encuentra algo confundido* por tener un 18 en el **Arcano de Cuna**. Es posible que *esas dudas y confusiones se den a causa del diálogo con alguien*, porque en el **Tú** hay otro 18.

En el **Personal** tiene un 15 que *indica algo de prisa y enojo, pleito, disgusto o pasión. Aquello que lo confunde puede llevarlo por senderos de cóleras e iras al interior de su ser, por lo que este día en particular no es bueno que se involucre en más conflictos.*

*Estos disgustos lo pueden llevar a encontrar el abandono de sus amigos*, ya que tiene un 16 en el **Social**. *Es importante ser cauteloso en ese día.*

Elabore ahora su tabla y comprenda mejor lo que está pasando con su energía hoy. Recuerde el apéndice al final de la obra.

### Hora tras hora

La tabla crece un poco si le adicionamos la hora. Esto es fácil de hacer sumando una hora específica al resultado del día. De esta forma comprenderá lo que sucederá en ese momento. A continuación extraigo de la tabla anterior los resultados del día:

|  | AC | P | Tú | Social |
|---|---|---|---|---|
| Día | 5 | 5 | 5 | 5 |
| Resultado | 18 | 15 | 18 | 16 |

Si por ejemplo queremos saber qué ocurrirá a las 3 p.m. con esta persona tendremos lo siguiente:

|           | AC | P  | Tú | Social |
|-----------|----|----|----|--------|
| Día       | 5  | 5  | 5  | 5      |
| Resultado | 18 | 15 | 18 | 16     |
| Hora      | 3  | 3  | 3  | 3      |
| Resultado | 21 | 18 | 21 | 19     |

A esa hora en específico *se encuentra realizando algunos cambios positivos (21). Dentro de sí hay duda, vacilación y desconfianza (18).* En el ***Tú*** encontrará a *alguien que le hable acerca de transformaciones.* En lo ***Social*** tendrá *compañía grata a causa del 19.*

Pero recordemos que también es necesario considerar la hora militar, con lo que de fondo se pronuncia otra energía. La siguiente tabla ilustra esto:

|           | AC   | P  | Tú | Social |
|-----------|------|----|----|--------|
| Día       | 5    | 5  | 5  | 5      |
| Resultado | 18   | 15 | 18 | 16     |
| Hora      | 15   | 15 | 15 | 15     |
| Resultado | 33=6 | 3  | 6  | 4      |

Ahora veamos el contraste de los dos resultados:

|             | AC | P  | Tú | Social |
|-------------|----|----|----|--------|
| Resultado 1 | 21 | 18 | 21 | 19     |
| Resultado 2 | 6  | 3  | 6  | 4      |

A las 3 p.m. habrá algo de *transformaciones, pero con un poco de dudas según indica* el ***AC***. En lo ***Personal*** existe el *18 de las* *dudas más el 3, lo que nos dice que se le ocurrirán ideas importantes para aclararse a sí mismo.* En el **Tú**, si se encontrara con alguien, le *manifestará esas mismas incertidumbres a causa de la transformación.* En lo **Social**, si estuviese con varias personas, *alcanzará a concretar objetivos en grupo.*

Bueno, hasta aquí tenemos el cuadro completo de todas las vibraciones: **el año, la vibración predominante del período, el mes, el día y hasta la hora.**

Es un buen momento para dedicarse a hacer prácticas personales. También es favorable realizar ejercicios con personas cercanas, así podrá orientarlas y de paso adquirirá mayor destreza en el uso del método numerológico.

A continuación vamos a relacionar a la astrología con la numerología al considerar la energía de los planetas. Estos van a representar áreas específicas de acción en las que estos números toman ciertas propiedades. Por ello los llamaremos los números especiales.

## Los números especiales

Con el tiempo, y luego de usar mucho este método, mis guías me han dado a conocer los números que lo complementan. Esta relación es muy simple pero muy efectiva para conocer ciertas energías que moldean el plano espiritual, mental y emocional del ser humano.

Existen unos números especiales que tienen relación con diferentes áreas de la vida. Ellos surgen de las energías planetarias y los genios de los planetas tienen una fuerte influencia en la naturaleza humana.

¿De dónde surgen estos números? La explicación la entrego en el apéndice de otra de mis obras: *El Yo y la destrucción de demonios*.

Exponer todo esto en esta obra nos sacaría del tema considerablemente. Una simple introducción nos llevaría alrededor de unas 20 páginas y sería un poco complicado luego retomar las ideas.

Si desea profundizar acerca del tema de los números y los planetas, podrá encontrar suficiente información en el apéndice del libro mencionado. De paso conocerá sobre lo que he considerado llamar *La espiral hombre*, tema muy interesante para anexar a la numerología interna.

A continuación expondré el valor y significado de los números que gobiernan las diferentes áreas.

Como dije antes, estos valores arrancan de la **Espiral Hombre** y están relacionados con las fuerzas planetarias.

Bien, ahora analicemos los números y las regencias de los mismos:

*1. Sol*
*2. Luna*
*3. Mercurio*
*4. Venus*
*5. Marte y Plutón*
*6. Marte*
*7. Júpiter*
*8. Saturno*
*9. Urano*
*10. Neptuno.*

Para comprender el significado de estas asociaciones es necesario transmitir las ideas relacionadas a cada regencia astrológica. En este caso, el número no posee la interpretación, pues la brinda la energía del Astro.

Inicialmente describiré las características asociadas a cada planeta. Luego de esto haremos ejemplos de modo que todo sea más comprensible.

Comencemos por la relación Astro-número:

**El Sol (1):** Representa la energía del espíritu, la esencia pura del ser y la conciencia personal de cada uno. Cuando se desee conocer acerca de la naturaleza espiritual del ser, ya sea en lo descriptivo o en lo predictivo, se debe considerar la vibración que acompaña al Astro Rey, la cual está representada por el número 1.

Cuando se desee saber acerca de las aspiraciones internas, el modo de relacionarse con los demás dentro de su círculo social y la capacidad de brindar bienestar a otros, entonces debe adicionarse el número del Sol a todo aquello que se desee consultar:

* Arcano de Cuna
* Número Personal
* Número del Tú
* Número Social
* Números del año
* Mes, día y hora.

**La Luna (2):** Energía femenina, fuerza de protección y cuidados. Todo lo relacionado a la maternidad se encuentra cobijado bajo este número y en asociación al siguiente, el número 3. El dos representa también el grado de protección y de sensibilidad que cada quien posee. Está íntimamente ligado a las emociones y sentimientos. Es necesario sumar un 2 a cualquiera de las áreas que se desee consultar.

**Mercurio (3):** La energía de este astro está ligada con negocios, ideas, proyectos, estudios, embarazos y concepciones. En ella también encontramos la forma en que nos relacionamos con los hermanos. Es el número del pensamiento intelectual, el que nos avisa cómo funcionan las neuronas.

**Venus (4):** Las energías de este astro se encargan de las áreas del amor, las relaciones de pareja y también del hogar y la familia. Amor y deseo son dos energías diferentes que se complementan en una relación sentimental. Esta aclaración me permite decir que mientras el número 4 es el de Venus y gobierna sobre el amor, el 6 es de Marte y gobierna sobre el deseo.

Para conocer nuestra proyección en el amor es necesario adicionar el número 4 a nuestros números personales.

**Marte y Plutón (5)**: Marte gobierna la energía de la sangre, el agente transportador de sustancias en el organismo. Plutón es el conservador de las sustancias seminales y es el director energético de todo lo que ocurre allí en las zonas del Averno.

Tales actividades infieren a la energía de estos dos planetas la virtud de conducir, dirigir y guiar. También hallamos esta actitud en el sistema nervioso gobernado por Mercurio y en Júpiter como el enriquecedor de sustancias en el hígado. Todos ellos juegan un papel relacionado con el guía y el orientador, y en numerología esta misma condición es asociada a la vibración energética del número cinco.

Sumar este número nos permitirá saber acerca del modo en que realizamos los negocios, abordamos las decisiones y tomamos los buenos consejos. Relaciona también los liderazgos y los proyectos en curso, las iniciativas y la actividad constante. El cinco rige además la salud.

**Marte (6)**: La energía de Marte promueve el instinto de la carne y nos trae, por consiguiente, la sexualidad en compañía de la energía de Plutón. De estas energías son los momentos placenteros y los deseos ardientes. Saber si existe una buena libido o no en una persona es fácil si se suma la cifra del sexo a los números descriptivos que hemos visto antes. También se puede analizar el potencial de la energía sexual para una época determinada.

Es un número que invita a la actividad, la agresividad y la exigencia en toda labor.

**Júpiter (7)**: Con este número veremos la fortuna. La energía de este astro se encuentra relacionada con las ganancias, la suerte, los buenos ingresos y en general expresa lo relacionado a la economía. Los viajes y los estudios filosóficos son también regencia de Júpiter, esto último en compañía del nueve.

**Saturno (8)**: Es el número de lo firme, rígido y duradero. Saturno en astrología rige los huesos. Es el número relacionado con el empleo, la responsabilidad, el compromiso, la seguridad y la estabilidad. Basta sumar este número para conocer acerca de estas cualidades en un ser. Su influencia nos permitirá discernir cuál es la actitud y cuál el sendero que acompañan la vida laboral del individuo.

**Urano (9)**: Es el número del ermitaño, la soledad, los viajes, los descubrimientos, la ciencia y la filosofía. Estos aspectos rigen en compañía de Júpiter. Con el nueve sabremos acerca de los altos estudios, los viajes y las investigaciones. También nos indica cómo es nuestra actitud de servicio al prójimo.

**Neptuno (10)**: Es el número de la psiquis, de la capacidad de percibir el mundo etéreo, la búsqueda espiritual y la realización del ser.

La astrología es una de las mejores fuentes de información y se nos presenta como una útil herramienta de autoconocimiento.

Los números también nos entregan una interpretación fidedigna del acontecer de la vida. Esto es más provechoso si los llevamos de la mano de las emanaciones cósmicas provenientes de los astros.

Veamos ahora casos simples que se pueden llegar a abordar con los números especiales.

Si el caso busca consultar acerca de su salud a lo largo de la vida, entonces se suma a su Arcano de Cuna el número de la salud, en este caso el número 5. Si se desea conocer esta vibración en una época específica entonces debe ubicarse en el periodo en estudio y sumarle la cantidad descrita.

Si deseamos conocer acerca de los aciertos económicos, entonces sumamos el número relacionado con ello, el 7.

Si queremos saber cómo se comporta alguien en el área estudiantil o de altos estudios tendremos que sumar el número 9.

Todos estos análisis se pueden realizar con los distintos números en las diferentes áreas. Para el amor (4), la pasión (6), la salud (5), la personalidad y aceptación en el medio, el brillo como ser y las oportunidades en el medio en que se desarrolla (1), los estudios, viajes y filosofías (9), la espiritualidad (10) y el trabajo (8).

Para retornar entonces a los ejemplos volvamos a tratar a nuestro personaje ficticio. Su fecha de nacimiento es el 4 de julio de 1994.

Estos números especiales se pueden adicionar a cualquier resultado de la tabla completa. Así podemos sumar estos a:
* Las energías descriptivas
* Las energías del año
* Las energías de la edad
* La vibración predominante del periodo
* La energía del mes
* La energía del día y la hora.

Comencemos el ejemplo con las energías descriptivas.

Traigamos para el caso la tabla relacionada con ello. Analicemos, por ejemplo, qué ocurre en la vida de esta persona con la energía del dinero (7).

En este caso es necesario adicionar el número 7.

|  | AC | P | Tú | Social |
|---|---|---|---|---|
|  | 7 | 4 | 7 | 5 |
| Energía $ | 7 | 7 | 7 | 7 |
| Resultado | 14 | 11 | 14 | 12 |

El resultado nos muestra cómo se encuentran caracterizadas las energías del dinero y el éxito en esta persona.

Al analizar el Arcano de Cuna nos encontramos con un 14, lo cual *indica el justo uso, la justa medida. Significa que en áreas de ganancias esta persona tiende a ser justa, equilibrada y con alto grado de responsabilidad.* De algún modo esto nos dice *que no le hace falta nada y puede mantenerse con una buena dosis de equilibrio.*

En el *Personal* encontramos un 11. Significa que la actitud para lograr los triunfos involucra mucha calma, serenidad y tranquilidad. Si se trata de una mujer, tendrá el semblante para alcanzar una notoria influencia sobre los hombres. Si se trata de un hombre, es muy común que sus ganancias provengan del contacto con el género femenino. Sin embargo, debe ser cauteloso con las mujeres influyentes que podrían malgastar su dinero.

En el número del *Tú* volvemos a ver un 14. Significa que cuando interactúa con otro ser busca en todo momento que las partes queden a gusto, con sentido de igualdad. Puede existir algo de estrés cuando tiene estas pláticas con alguien.

En el número *Social* encontramos un 12 que nos indica que se presentan sacrificios para poder tratar el tema con varias personas. Normalmente terminará cediendo para complacer a otros y sentir que todos quedaron a gusto.

Este mismo principio aplica si deseamos saber sobre el desarrollo de su vida romántica desde su nacimiento. Para el caso sumamos a esta tabla la energía del número de Venus, el 4. Luego debemos considerar su potencial de atracción con el número 6.

|   | AC | P | Tú | Social |
|---|---|---|---|---|
|   | 7 | 4 | 7 | 5 |
| N° ♀ ♥ | 4 | 4 | 4 | 4 |
| **Resultado** | 11 | 8 | 11 | 9 |

Empecemos por este 11 en el Arcano de Cuna. Nos indica que es una persona tranquila, que logra sus objetivos sin mayor esfuerzo y que es mediante la calma y la espera que logra crear el interés del otro. Esto mismo sucede cuando se relaciona con otra persona, puesto que también ese es el número del *Tú*. Recordemos que el número 11 es poderoso en las féminas. Tratándose de una mujer, esta lograría tener encantada a su pareja sin mediar mucho por ello. En el caso de un hombre, es posible que deje pasar muchas oportunidades a causa de una larga espera o una actitud pasiva.

El 8 en *el Personal* nos habla de alguien pausado a quien le cuesta salir un poco de sí mismo. Esto puede convertirlo en una persona demasiado prevenida, que acostumbra ejercer la ley del Talión como su propia medida de justicia.

En lo *Social* tenemos un 9 que nos muestra a una persona que involucra a su pareja en su relación con otros. Gusta de compartir en grupos sus pensamientos filosóficos, le fascina salir de viaje con sus amistades, pero siempre tomando en cuenta a su compañer@.

Ahora consideremos el potencial de atracción con el número de Marte, el 6.

|  | AC | P | Tú | Social |
|---|---|---|---|---|
|  | 7 | 4 | 7 | 5 |
| N° ♥♂ | <u>6</u> | <u>6</u> | <u>6</u> | <u>6</u> |
| Resultado | 13 | 10 | 13 | 11 |

Los números indican grosso modo que se goza de un poder de atracción instantáneo que luego muere con facilidad. La tendencia al cambio en su número personal indica que luego de gustar de alguien puede estar deseando a otra persona. En el *Tú* ocurre lo mismo que en la energía potencial que es el *Arcano de Cuna*. En lo *Social* vemos que es una persona agradable a simple vista, con algo sutil que encanta a las personas en grupo.

Debemos considerar la tabla de la numerología predictiva si queremos saber la energía que se presenta en un periodo especial para cada una de estas áreas.

Continuemos con el ejemplo y analicemos qué sucede en el periodo del 2010 en las áreas del amor, el dinero y la salud.

Comencemos por el amor:

|  | AC | P | Tú | Social |
|---|---|---|---|---|
|  | 7 | 4 | 7 | 5 |
| Año | **2010** | **2010** | **2010** | **2010** |
| Suma | 2017 | 2014 | 2017 | 2015 |
| Energía Actual | 2+1+7= 10 | 7 | 10 | 8 |
| N° ♀ ♥ | **4** | **4** | **4** | **4** |
| Resultado | 14 | 11 | 14 | 12 |

Los resultados para el 2010 en áreas del amor nos dicen que habrá algo de estrés debido a que existe un 14 en la energía superior que es la del *Arcano de Cuna*. Ya en lo personal, el 11 indica que se tratarán las cosas con calma buscando apaciguar todos los imprevistos. Para relacionarse con su pareja en el *Tú* se presenta este mismo 14 que indica la tendencia a sostenerse dentro de un clima algo estresante. En lo *Social* encontramos un 12. Esto significa que cuando se presenta con su pareja en grupo se sentirá con una sensación de compromiso sin poder expresar lo que desea.

Si analizamos esto mismo dentro del año 2010, pero en alas de la atracción personal, tendremos los siguientes resultados:

|  | AC | P | Tú | Social |
|---|---|---|---|---|
|  | 7 | 4 | 7 | 5 |
| Año | <u>2010</u> | <u>2010</u> | <u>2010</u> | <u>2010</u> |
| Suma | 2017 | 2014 | 2017 | 2015 |
| Energía Actual | 2+1+7= 10 | 7 | 10 | 8 |
| N° ♥♂ | <u>6</u> | <u>6</u> | <u>6</u> | <u>6</u> |
| Resultado | 16 | 13 | 16 | 14 |

Un 16 en el *AC* determina que no se goza de mucho impacto en esta área, lo mismo cuando se relaciona con otra persona en el número del *Tú* indicando que no es un año para conquistas. En lo *Personal* tiende a tener iniciativas que no prosperan y las ilusiones mueren tras el intento. En lo *Social* se puede llegar a sentir un poco tímido y sin un sentido de proyección al público para esta área.

Para finalizar con los ejemplos analizaremos el área laboral (8) y la económica (7) para este mes en específico. Supongamos que se trata del mes de septiembre del año 2010 y queremos saber cómo se comporta la energía en esas áreas para este personaje.

Volvamos a la tabla general de cálculos:

|  | AC | P | Tú | Social |
|---|---|---|---|---|
|  | 7 | 4 | 7 | 5 |
| Año | <u>2010</u> | <u>2010</u> | <u>2010</u> | <u>2010</u> |
| Suma | 2017 | 2014 | 2017 | 2015 |
| Energía Actual | 2+1+7= 10 | 7 | 10 | 8 |
| Edad | <u>16</u> | <u>16</u> | <u>16</u> | <u>16</u> |
| AA+E | 8 | 5 | 8 | 6 |
| Mes | <u>9</u> | <u>9</u> | <u>9</u> | <u>9</u> |
| Resultado | 17 | 14 | 17 | 15 |
| # Trabajo | <u>8</u> | <u>8</u> | <u>8</u> | <u>8</u> |
| Resultado | 7 | 22 | 7 | 5 |

Antes de iniciar la serie de interpretaciones explicaré lo que hice en esta tabla.

Lo primero fue tomar la tabla del ejemplo y sumarle el mes de septiembre (9). Obtuve una fila de resultados que indican el comportamiento específico de la energía en dicho mes. A este resultado le sumo el número del Trabajo, que es el número de Saturno (8), y obtengo una nueva fila de resultados que es aquella que interpretaré en breve.

El *AC*, que es la máxima energía del estudio, nos muestra un 7. Esto se interpreta como un periodo de buenos resultados, éxitos y triunfos, grandes logros y conquista de las metas que se proponga. Debido a que en el *Tú* se presenta el mismo número, entonces diremos que contará con la ayuda de alguien para conquistar esas metas y los proyectos que tenga entre manos. En lo *Personal* tenemos un 22, lo cual indica que se tendrán momentos de ansiedad, prisa y actitudes inesperadas para alcanzar sus objetivos. Así estará vibrando dentro del ser. En lo *Social* observamos un 5. Esta energía nos dice que se encontrará con algunas personas con las que compartirá y que probablemente requerirán de su consejo, orientación o simplemente de su opinión.

Ahora nos corresponde hacer el mismo análisis pero con la energía del dinero. Será fácil entonces copiar la tabla y cambiar los valores del número de Saturno por los del número de Júpiter (7).

|  | AC | P | Tú | Social |
|---|---|---|---|---|
|  | 7 | 4 | 7 | 5 |
| Año | 2010 | 2010 | 2010 | 2010 |
| Suma | 2017 | 2014 | 2017 | 2015 |
| Energía Actual | 2+1+7= 10 | 7 | 10 | 8 |
| Edad | 16 | 16 | 16 | 16 |
| AA+E | 8 | 5 | 8 | 6 |
| Mes | 9 | 9 | 9 | 9 |
| Resultado | 17 | 14 | 17 | 15 |
| N°. $ | 7 | 7 | 7 | 7 |
| Resultado | 6 | 21 | 6 | 22 |

Tanto el *AC* como el *Tú* presentan un 6, lo que indica un poco de indecisión con relación a esta energía, quizá un poco de despiste y desconcentración en general y en el trato con otro individuo. Internamente o en lo *Personal* se aspira a hacer algunas transformaciones importantes, como si corriera el anhelo de encausar una buena administración de los bienes e ingresos (21). Es en lo *Social* donde se ve la actitud del gasto, pues ese 22 causa salidas inesperadas, gastos imprevistos en compañía de algunas personas, momentos de impulsividad y desenfreno en cuanto se encuentra con otros que posiblemente lo conduzcan por el sendero del despilfarro. Juegos de azar, paseos, viajes o algún tipo de diversión pueden ser los causantes de esos momentos impulsivos y repentinos.

Si deseáramos saber cuál es el mes más apropiado para realizar un viaje, entonces tendríamos que considerar la mayor energía vibrante de la persona, que es el Arcano de Cuna. Al llegar a la energía predominante del periodo (*AA+E*) empezaremos a analizar la tabla de los meses y luego le sumaremos el número de los viajes (9). Veamos inicialmente la siguiente tabla:

Dios y la verdad escrita en números

|  | AC |
|---|---|
|  | 7 |
| Año | **2010** |
| Suma | 2017 |
| Energía Actual | 2+1+7= 10 |
| Edad | **15/ 16** |
| AA+E | **7 / 8** |

De aquí rescatamos el AA+E y lo sumamos a los distintos meses, tomando en consideración el salto que se presenta para el mes de julio, donde por motivo del cumpleaños existe un cambio en los números.

Del primer y segundo periodo tenemos:

| AA+E | 1 | 2 | 3 | 4 | 5 | 6 | 7 | 8 | 9 | 10 | 11 | 12 |
|---|---|---|---|---|---|---|---|---|---|---|---|---|
| 7 | 8 | 9 | 10 | 11 | 12 | 13 | 14 |  |  |  |  |  |
| 8 |  |  |  |  |  |  | 15 | 16 | 17 | 18 | 19 | 20 |

A estos resultados le sumamos el número de Urano (**9**)

| N° → | 9 | 9 | 9 | 9 | 9 | 9 | 9 | 9 | 9 | 9 | 9 | 9 |
|---|---|---|---|---|---|---|---|---|---|---|---|---|
|  | 17 | 18 | 19 | 20 | 21 | 22 | 5 |  |  |  |  |  |
|  |  |  |  |  |  |  | 6 | 7 | 8 | 9 | 10 | 11 |

Con lo anterior podríamos recomendar al mes 8 como el más apropiado para realizar un viaje, ya que está representado por la energía del 7. Sin embargo, no existen números feos durante el año que se puedan considerar un riesgo. El mes menos apto para tal propósito es el de febrero por presentar un 18, energía que invita a la confusión y a la duda.

223

Con la explicación anterior es fácil hacer los cálculos personales. Cada uno tome papel y lápiz y haga sus propias cuentas. Espero que lo logren con el mayor de los éxitos.

## La polaridad de los números

Hasta ahora no se ha conocido nada acerca de que los números posean una polaridad estrictamente convincente. Lo más cercano a esto se halla al dar a los números impares la cualidad positiva y a los pares, la condición de negativos o pasivos.

Aquí se tratará el tema con mayor profundidad. Los números poseen una íntima relación con la naturaleza y a ese estudio vamos a encaminarnos. De ellos conoceremos las relaciones que poseen con el mundo elemental. Esto es de útil ayuda para la construcción de talismanes mágicos y canalizadores de energía.

Expresé al inicio de esta obra que el número toma su poder del plano espiritual y ejerce su acción sobre el plano mental gracias a la actividad del pensamiento humano.

El pensamiento de cada ser de algún modo se relaciona con los números día a día. Todos pensamos en ellos, para pagar algo, para ver la hora, para una u otra situación.

Los números están presentes en el continuo accionar de la humanidad, con lo que alcanzan una carga mental excesiva día tras día en el correr del tiempo.

Entrando en el tema de la naturaleza física, el mundo en el cual nos desarrollamos obedece a la formación de cuatro elementos básicos: el Fuego, el Aire, el Agua y la Tierra.[16]

Existe una quinta esencia que comanda la acción de estos cuatro elementos y se conoce con el nombre de Éter universal, la sustancia coloidal que dio inicio a todo lo que existe en el

---

[16] Consulte este tema con mayor propiedad en *El Yo y la destrucción de demonios*.

mundo de la materia. Puede encontrar más información sobre esta sustancia en la obra del Dr. Krumm Heller conocida como *El Tatwametro y las vibraciones del Éter*.

Nuestra naturaleza mental y el mundo elemental intercambian energías en este mundo material sin que la masa humana sospeche del asunto.

Los siguientes símbolos corresponden a los cuatro elementos:

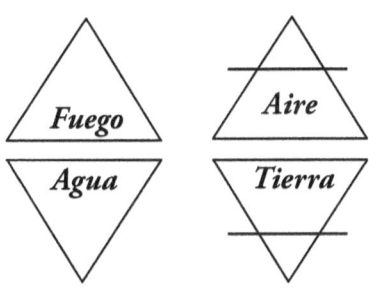

Ellos se clasifican del siguiente modo:
*dos de características positivas
*dos de características negativas

Los positivos son el Fuego y el Aire y los negativos o pasivos son el Agua y la Tierra. Se les dice activos o pasivos por su comportamiento elemental en la naturaleza.

En el plano superior se me ha enseñado acerca de los atributos que presentan los números en relación con los elementos de la naturaleza. En realidad la mayoría de lo que escribo tiene esa procedencia.

Es de allí donde arranca el saber que relaciona los números y los elementos. Más adelante veremos cómo podemos valernos de este conocimiento para realizar círculos de protección, entre otras cosas.

La Tierra, en su giro orbital alrededor del Sol, pasa por doce sectores creados por las constelaciones zodiacales. En realidad el Sol es quien crea estos sectores al proyectar la energía de dichas constelaciones. Estas proyecciones que hace el Astro Rey a manera de un poderoso y gigantesco lente son conocidas como los signos zodiacales, los sectores energéticos que llamamos Aries, Tauro, Géminis, Cáncer...

Estos sectores provocan a la energía del planeta una perfecta coordinación elemental que se da mes a mes en un acto ordenado y continuo. El orden de los signos zodiacales en relación con los elementos y sus polaridades es el siguiente:

| Símbolo | Nombre | Elemento | Polaridad |
|---|---|---|---|
| ♈ | Aries | Fuego | + |
| ♉ | Tauro | Tierra | - |
| ♊ | Géminis | Aire | + |
| ♋ | Cáncer | Agua | - |
| ♌ | Leo | Fuego | + |
| ♍ | Virgo | Tierra | - |
| ♎ | Libra | Aire | + |
| ♏ | Escorpión | Agua | - |
| ♐ | Sagitario | Fuego | + |
| ♑ | Capricornio | Tierra | - |
| ♒ | Acuario | Aire | + |
| ♓ | Piscis | Agua | - |

A continuación veremos por columnas los signos que corresponden a cada uno de los elementos:

| Fuego | Tierra | Aire | Agua |
|---|---|---|---|
| ♈ | ♉ | ♊ | ♋ |
| ♌ | ♍ | ♎ | ♏ |
| ♐ | ♑ | ♒ | ♓ |
| △ | ▽̄ | △̄ | ▽ |

Esto lo necesitaremos para comprender que este no es el orden que define la relación de los números con los elementos. Tal relación no se halla en el recorrido zodiacal, sino que se encuentra ligada a las Eras o Aeones cósmicos. Efectivamente las eras llevan un proceso de recorrido inverso al de los signos zodiacales, tema que trato con detalle en otras de mis obras. No lo analizaremos aquí para no extenderme.

Nos encontramos actualmente en la Era de Acuario, que durará aproximadamente 2000 años. Acabamos de despedir la Era de Piscis y la siguiente será la de Capricornio.

El orden de las Eras en sentido inverso al recorrido zodiacal es el siguiente:

| Símbolo | Nombre | Elemento | Polaridad |
|---|---|---|---|
| ♈ | Aries | Fuego | + |
| ♓ | Piscis | Agua | - |
| ♒ | Acuario | Aire | + |
| ♑ | Capricornio | Tierra | - |
| ♐ | Sagitario | Fuego | + |
| ♏ | Escorpión | Agua | - |
| ♎ | Libra | Aire | + |
| ♍ | Virgo | Tierra | - |
| ♌ | Leo | Fuego | + |
| ♋ | Cáncer | Agua | - |
| ♊ | Géminis | Aire | + |
| ♉ | Tauro | Tierra | - |

Por consiguiente, el orden de los elementos regentes de cada Era también es inverso y lo presento a continuación:

| Fuego | Agua | Aire | Tierra |
|---|---|---|---|
| ♈ ♐ ♌ | ♓ ♏ ♋ | ♒ ♎ ♊ | ♑ ♍ ♉ |
| △ | ▽ | △̶ | ▽̶ |

Este es el orden que realmente nos interesa para hallar la correspondencia número-elemento.

Comenzaré por colocar los números tal cual se me ha enseñado en los planos de la Luz. Para ello puedo prescindir de los signos zodiacales que nos han servido para explicar por qué se da este principio.

| Fuego △ | Agua ▽ | Aire △̶ | Tierra ▽̶ |
|---|---|---|---|
| 1 | 2 | 3 | 4 |
| 5 | 6 | 7 | 8 |
| 9 | 10 | 11 | 12 |
| 13 | 14 | 15 | 16 |
| 17 | 18 | 19 | 20 |
| 21 | 22 | 23 | 24 |
| 25 | 26 | 27 | 28 |
| 29 | 30 | 31 | 32 |
| 33 | 34 | 35 | 36 |
| 37 | 38 | 39 | 40... |

La organización de estos números es importante para muchos asuntos relacionados con las fuerzas de la naturaleza mágica, incluso para la magia sagrada ceremonial.

En mi obra *Bereschit, El libro de Cábala de Mahalaet*, enseño el modo de fabricar talismanes con los símbolos de las runas particulares de cada cual, **los números de poder** y las letras hebraicas. Esto constituye un trío de fuerzas poderosas que ayudarán efectivamente al noble de corazón. Un talismán fabricado con estos criterios de seguro podrá operar dentro de una Cábala sagrada. Con esto se logra la creación de energía angélica a partir de estos conocimientos.

En esta obra solo relacionaré lo concerniente a los números. En mi obra acerca de las runas puede encontrar los arreglos rúnicos que corresponden a cada quien. En Bereschit reúno todos los conceptos en un conjunto de poder que actúa directamente sobre los vehículos astral, mental y Espiritual.

Ahora pasemos a conocer cómo se utilizan los números de las columnas Fuego, Agua, Aire y Tierra. Es estrictamente necesario relacionar la astrología en este tema.

Cuando nacemos recibimos a manera de un tatuaje energético las fuerzas provenientes del Cosmos. En especial es necesario prestar atención a las emanaciones de los astros.

Una carta natal es el estudio que se hace acerca de esas energías y el modo en que se relacionan al momento de nacer. Este es el mapa de viaje que se nos entrega para aventurarnos por el mar de la vida. Aquel que presta atención a su mapa conoce las rutas por donde lo lleva el barco de su destino.

En este mapa es fácil reconocer las posiciones de los planetas y dentro de ese concepto saber cuáles se encuentran en constelaciones de Fuego, Tierra, Aire o Agua. Un astrólogo o cualquier programa de astrología le dará esta información con solo añadir sus datos.

Colocaré un ejemplo para que nos sea de fácil comprensión el tema.

Nace un individuo el 14 de enero del año 2008, a las 10.05 a.m. en San José, Costa Rica. Queremos saber cómo se encuentra el mapa celeste para esta fecha. Consultando un programa de astrología observo en el diagrama y me doy cuenta de que los planetas se encuentran proyectando sus fuerzas hacia la Tierra en las siguientes posiciones:

En dirección a la constelación de Aries encontramos a **la Luna**. ☽
En dirección a Géminis se encuentra el planeta **Marte**. ♂
En Virgo encontramos a **Saturno**. ♄
En Sagitario, a **Venus** y a **Plutón**. ♀ ♇
En Capricornio, a **Júpiter** y al **Sol**. ♃ ☉
En Acuario, a **Mercurio** y a **Neptuno**. ☿ ♆
Y en Piscis a **Urano**. ♅

La siguiente tabla resume la relación planeta-elemento.

| Símbolo | Signo | Planeta | Elemento |
|---|---|---|---|
| ♈ ♐ ♐ | Aries Sagitario Sagitario | La luna ☽ Venus ♀ Plutón ♇ | Fuego △ |
| ♍ ♑ ♑ | Virgo Capricornio Capricornio | Saturno ♄ Júpiter ♃ Sol ☉ | Tierra ▽ |
| ♊ ♒ ♒ | Géminis Acuario Acuario | Marte ♂ Mercurio ☿ Neptuno ♆ | Aire △ |
| ♓ | Piscis | Urano ♅ | Agua ▽ |

Resumiendo:
En Fuego se encuentran: la Luna, Venus y Plutón
En Tierra se encuentran: Saturno, Júpiter y el Sol.
En Aire se encuentran: Marte, Mercurio y Neptuno.
En Agua se encuentra: Urano.

Como astrólogo hago una aclaración importante: los cuerpos celestes que consideraremos en nuestro estudio son los que se refieren a las fuerzas planetarias. En este estudio no se pueden considerar las añadiduras que han hecho de la astrología una sopa de fuerzas.

Me refiero a las influencias secundarias como la rueda de la fortuna, lilit, los nodos y otros. De considerar estos conceptos el cálculo sería errado. La razón se encuentra en el modo de operar de los genios planetarios.

Para nuestro ejemplo tenemos que en el elemento donde se haya menor presencia planetaria es en el Agua. Los demás elementos se encuentran equilibrados entre sí, tres por cada elemento.

Por lo tanto, para ese día 14 de enero del año 2008, los elementos Fuego, Aire y Tierra se encontraban presentando una vital potencia en la naturaleza elemental del planeta. Esto hace que las energías asociadas a estos reinos elementales tengan propiedades especiales.

Vemos entonces que son los números regidos por estos reinos los que expresan una excelente relación para las energías del día en estudio y, por consiguiente, para el plano mental del ser humano. Todo cuanto se forme en esta fecha tiene la fortaleza de estos tres grupos elementales y la acción de los números relacionados con ellos.

Ahora nos resta visualizar los números que para la fecha se encuentran potenciados a causa de las emanaciones planetarias. Volvamos entonces a la tabla de los números y los elementos.

| Fuego △ | Agua ▽ | Aire △ | Tierra ▽ |
|---|---|---|---|
| **1** | 2 | **3** | **4** |
| **5** | 6 | **7** | **8** |
| **9** | 10 | **11** | **12** |
| **13** | 14 | **15** | **16** |
| **17** | 18 | **19** | **20** |
| **21** | 22 | **23** | **24** |
| **25** | 26 | **27** | **28** |
| **29** | 30 | **31** | **32** |
| **33** | 34 | **35** | **36**... |

Los números fuertes para la fecha de estudio los resalté en letra negrilla. Los débiles, que son los de la columna del Agua, no se encuentran resaltados.

Cualquiera de los números de esas tres columnas es favorable para sincronizar con la energía de ese día.

Este hallazgo nos permitirá realizar maravillas con los números. Invito a que tome un programa astrológico y analice cuáles son los elementos más afines a usted.

En este ejemplo se encontraron tres elementos con un alto potencial energético, sin embargo es posible hallar únicamente uno o dos. Los números que pertenezcan a esa o esas columnas son los que lo auxiliarán energéticamente a manera de ángeles en el instante en que usted los necesite.

## Creación de talismanes a partir de los números

Una vez reconocida la columna elemental o las columnas que se relacionan con la energía de un ser humano, es posible realizar las siguientes operaciones mágicas:

1. Se puede adicionar al Arcano de Cuna una serie de números que lo transforman en una vibración diferente. Esto resulta útil cuando el número con el que se ha nacido no es armónico. La nueva vibración se convierte en un talismán personal que cambia la energía de nuestro ambiente etéreo.
2. Se pueden adicionar números a nuestra energía personal en periodos donde las vibraciones energéticas no son las mejores. Con ello logramos neutralizar la energía de un número o la podemos convertir en otra con mejores propiedades. Para esto es necesario concentrar nuestra energía en la *Vibración predominante del periodo AA+E*.
3. Si la vibración de un mes o un día en particular no es acorde con el propósito que se espera del tal fecha, es posible cambiar esa energía utilizando los números de la o las columnas favorables a la vibración del ser. Para este caso buscamos que en la suma general se armonicen los números con la intención o el propósito que se desea. El requisito es conocer la vibración del mes o del día en particular.

4. Cuando la relación numérica con otro ser no es la más adecuada, entonces se puede componer un talismán que permita un cambio energético en la vibración personal, constituyendo una mejor energía vibratoria entre ambos. Muy útil para matrimonios inarmónicos, ambientes laborales, relaciones entre socios y muchas otras posibilidades.

Para cualquiera de estos casos se hace estrictamente necesario tener a mano la tabla de las relaciones numerológicas. Recordemos que el número de mayor acción vibratoria en un ser humano es el Arcano de Cuna. Al tratar de encontrar un número o una serie de números que ayuden a cambiar esa energía, es necesario corroborar previamente que esto no afecte energéticamente la actividad de los otros números de la tabla.

Para comprender mejor cada uno de estos usos me dedicaré a colocar ejemplos. Comencemos por el primer caso.

*1. Se puede adicionar al Arcano de Cuna una serie de números que lo transforman en una vibración diferente. Esto resulta útil cuando el número con el que se ha nacido no es armónico. La nueva vibración se convierte en un talismán personal que cambia la energía de nuestro ambiente etéreo.*

Evaluemos la siguiente fecha de nacimiento: 16 de junio de 1984.

Para estudiar con propiedad las energías que se presentaron para alguien nacido este día debemos construir la tabla numerológica.

| AC | P | Tú | Social |
|----|----|----|--------|
| 8 | 16 | 6 | 22 |

Tenemos aquí a una persona con un Arcano de Cuna 8, una vibración que trae a su vida algunas limitaciones. Es posible que encuentre obstáculos a sus propósitos personales a causa ello, ya que la energía no fluye adecuadamente. El 16 en el Personal nos indica que se trata de alguien que no tiene mucha confianza en sí mismo y por ello algunas cosas no resultan como las desea. La indecisión corona sus relaciones interpersonales con alguien (6) y en el Social vibra un 22 que habla de momentos impulsivos en compañía de otros.

Esta es una breve interpretación. Nuestra misión en este caso radica en encontrar los números que puedan llegar a cambiar la vibración con la que ha nacido esta persona y llevarla a una de mejores condiciones.

En este punto se hace necesario recurrir a la astrología y analizar cómo se encuentran ubicados los planetas para ese día.

Para no tener disgustos con la posición de la Luna consideremos que la persona nace a las 8 a.m. Esto porque la Luna en un día recorre alrededor de 12 grados, y en ese lapso puede cambiar de constelación. Si no se precisa la hora de nacimiento nos pueden engañar los cálculos a causa de la posición lunar, esto por no poder definir con exactitud la constelación en la que se encuentra.

Otro punto que debemos considerar al introducir los datos en un programa astrológico es el lugar donde ocurrió el nacimiento. Esto también es importante para determinar la posición lunar. Supongamos que nace en San José de Costa Rica.

En el ejemplo anterior no se explicaron estos detalles para no confundir la mecánica del tema, pero ahora que se comprenden recalco la importancia de incorporar la hora y el sitio de nacimiento a los cálculos astrológicos.

Para este caso en particular el diagrama del mapa astrológico es el siguiente:

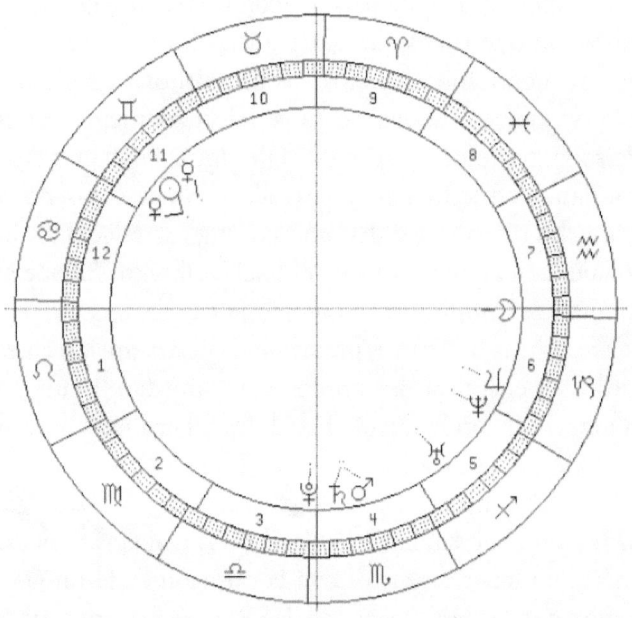

De este mapa es importante rescatar las posiciones planetarias y el elemento que cobija las constelaciones donde se hallan esos planetas.

En el Fuego de Sagitario se encuentra un solo planeta: Urano - **1 valor**.

En la Tierra de Capricornio se encuentran: Neptuno y Júpiter - **2 valores**.

En el Aire de Géminis se encuentran: Mercurio, el Sol y Venus. En Libra está Plutón. En Acuario se encuentra la Luna - **5 valores**.

En el Agua de Escorpión se encuentran Saturno y Marte - **2 valores**.

La siguiente tabla resume la cantidad de planetas presentes en cada elemento:

| Fuego | 1 |
|---|---|
| Tierra | 2 |
| Aire | 5 |
| Agua | 2 |

Esto nos permite entender que el elemento con mayor presencia planetaria es el Aire. Con este dato nos es posible encontrar los números que auxiliarán las energías numéricas de esta persona.

Volvamos a las columnas de los elementos en relación con los números. En ellas debemos considerar la columna del Aire y sus números.

| Fuego △ | Agua ▽ | Aire △ | Tierra ▽ |
|---|---|---|---|
| 1 | 2 | 3 | 4 |
| 5 | 6 | 7 | 8 |
| 9 | 10 | 11 | 12 |
| 13 | 14 | 15 | 16 |
| 17 | 18 | 19 | 20 |
| 21 | 22 | 23 | 24 |
| 25 | 26 | 27 | 28 |
| 29 | 30 | 31 | 32 |
| 33 | 34 | 35 | 36 |
| 37 | 38 | 39 | 40... |

Mirando esta columna entenderemos que los números que nos sirven para realizar el neutralizador numérico son: 3, 7, 11, 15, 19, 23, 27, 31, 35, 39...

Hemos llegado aquí hasta el número 39, pero la lista es infinita. Si haciendo cálculos hasta el 39 aún no se encuentra el número deseado, entonces siga buscando de cuatro en cuatro (en la secuencia seguirían el 43, el 47, el 51...)

Con este dato nos es fácil ahora construir el requerido talismán. Lo primero es regresar a la tabla.

| AC | P | Tú | Social |
|---|---|---|---|
| 8 | 16 | 6 | 22 |

Con ella comprenderemos la necesidad del objetivo.

Es importante adicionar uno o varios valores de la columna del elemento Aire que armonicen con los de la tabla. Puede ser un número, dos o tres, pero ese o esos números deben sumarse a todos los dígitos de la tabla. No puede seleccionarse uno para el *AC*, otro para el *P*, otro para el *Tú* o el *Social*. Esto porque la emanación en nuestro espacio etéreo no contempla distinciones separativas para cada energía vibratoria.

En este ejemplo es fácil darse cuenta de que el número 3 de la columna del elemento Aire complace perfectamente un cambio en la vibración energética de los números de la tabla. Esto en el caso de que la persona en estudio sea una mujer. Veamos por qué.

|  | AC | P | Tú | Social |
|---|---|---|---|---|
|  | 8 | 16 | 6 | 22 |
| Adicionar | 3 | 3 | 3 | 3 |
| Resultado | 11 | 19 | 9 | 25= 7 |

Ese 11 en el *AC* resulta beneficioso para una mujer, pero no lo es tanto para la energía de un hombre, ya que esto lo llevaría a ser algo controlado por las mujeres.

En el caso de un hombre se hace necesario buscar otro número o grupos de números, porque el 11 hará que las féminas de algún modo ejerzan una descontrolada acción sobre él. No se trata de un caso de machismo ni nada que se asemeje. Si el objetivo es buscar una mejor vibración con el entorno, no puedo aconsejar un número que lo colocaría en desventaja con los seres del otro género.

La búsqueda fue algo ardua. Si toma papel y lápiz comprenderá mejor lo que expreso. Utilizando la columna del Aire y sus números para encontrar el "número maestro", nuestro estudio arroja solamente resultados insatisfactorios. En mis análisis subí hasta números altos y no encontré un valor que modificara satisfactoriamente a todas las vibraciones. Cuando esto ocurre se hace necesario acudir a otra columna que se encuentre también potenciada por la presencia planetaria. Para este ejemplo las columnas que podrían auxiliar este ejercicio son las del Agua y la Tierra, cada una con 2 valores.

El número 8 es el que mejor entona la nueva vibración y lo extraje de la columna de la Tierra. Decidí acompañarlo del 7 que se encuentra en la columna del Aire.

Veamos cómo quedan los cálculos:

|  | AC | P | Tú | Social |
|---|---|---|---|---|
|  | 8 | 16 | 6 | 22 |
| Adicionar | 7 | 7 | 7 | 7 |
| Adicionar | 8 | 8 | 8 | 8 |
| Resultado | 5 | 4 | 21 | 10 |

Estos números cambiarán las energías particulares que tal persona trae desde el natalicio de modo que la esencia vibratoria sea más armónica en todos los frentes.

Hemos venido tratando el tema de un talismán, pero ¿qué es un talismán y cómo se fabrica? Para entender esto se hace necesario hacer un paréntesis sobre el tema y luego retornar a los otros usos que pueden darse a los números.

**De la fabricación de talismanes**

Un talismán es un ángel energético que se crea bajo el auxilio de otras fuerzas, ya sean elementales, mentales o divinas.

Los talismanes amparados por las criaturas elementales se crean a partir de elementos de la naturaleza. Pueden ser confeccionados con minerales, cristales, vegetales o animales.

Aquellos que son creados por energías espirituales son los que involucran la Cábala. Estos se realizan buscando el cobijo de fuerzas Divinas de Ángeles que amparan los sagrados tratados del Universo Dios.

Los mentales son aquellos que utilizan palabras, frases o energías que se encuentran egregorizadas dentro del pensamiento humano. Este es el caso de los talismanes que aquí crearemos con la energía de los números. Nos ampararemos en la egrégora mental e iniciática que poseen estas figuras con valor secuencial.

Pero para crear un buen talismán se hace necesario considerar dos aspectos importantes.

A quién se lo crearemos

Qué trato le darán a este ángel creado.

En el primer caso debe considerarse que el talismán para una mujer es totalmente diferente al de un hombre.

En la simbología que emplearemos debe ser considerado el género. Esto es amplio de explicar, ya que existen símbolos para el género femenino y otros para el masculino, y son muchos. Para no complicar el asunto con la simbología espiritual, emplearemos dos símbolos generales que ayudarán a crear ángeles espirituales para cada cual. Estos son las estrellas de 5 y 6 puntas. La primera para los masculinos, la segunda para las féminas.

Crear un ángel inadecuado significa la controversia de las fuerzas.

El segundo aspecto es el trato que le daremos a este ángel. Los talismanes se usan justo en el plexo solar o delante del corazón.

Los hombres no podrán eyacular mientras posean la energía de este ángel consigo. Las mujeres no podrán portarlo mientras tengan el periodo menstrual. En ambos casos se hace necesario retirarlo con la mayor de las responsabilidades. Cuando no se desee tenerlo por alguna razón, debe ser liberado mediante el fuego. De no ser así, esta energía rodará por el mundo continuando con la conexión existente entre talismán y sujeto. Lo que ocurra al talismán de alguna forma tendrá una influencia en la persona para la cual fue realizado. Recordemos que el talismán es un ángel creado para ampararnos.

El tema de los talismanes es muy amplio. Desde hace tiempo he tenido el deseo de hacer un libro con esta temática y espero poder realizarlo pronto.

**Retorno ahora al tema de los números.**

Hemos visto dos ejemplos especiales y ahora nos dedicaremos a fabricar los talismanes para ambos casos.

Fabriquemos inicialmente el talismán femenino asumiendo que la persona de nuestro ejemplo es una dama. Para este caso utilizaremos la estrella de seis puntas.

|           | AC | P  | Tú | Social |
|-----------|----|----|----|--------|
|           | 8  | 16 | 6  | 22     |
| Adicionar | 3  | 3  | 3  | 3      |
| Resultado | 11 | 19 | 9  | 25 = 7 |

Se trata de introducir los números de esta tabla en la estrella. No es necesario incorporar los resultados, ya que estos estarán vibrando en el conjunto energético.

Las puntas nos servirán para colocar en ellas los valores descriptivos que arrancan de la fecha de nacimiento, tomando en cuenta que la posición superior debe ser ocupada por el Arcano de Cuna. Luego, en el centro de la estrella pondremos los arreglos que hemos hecho para armonizar esta energía: en este caso el número 3 de la columna del elemento Aire.

En realidad la ubicación de los números en la estrella tiene su grado de importancia. Lo invito a estudiar este tema basado en las correspondencias alquímicas. Para ello es necesario ir a la primera parte del libro y analizar la actividad de cada número y el modo en que opera energéticamente dentro de nosotros.

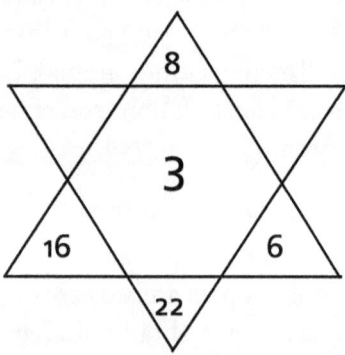

No es incorrecto colocar aleatoriamente los números en cualquiera de las puntas de la estrella, igual el Ángel actuará. Sin embargo quiero hacer notar que una perfecta ubicación de los valores le dará mayor poder al talismán.

Este talismán en general estará vibrando con la energía del número 10 debido a que la suma general de los números genera un 55, donde 5+5 = 10.

Sin embargo, cada número asociado a este 3 tendrá energéticamente los resultados que se presentan en la tabla al adicionar este número.

Ahora tratemos el asunto como si el personaje en estudio fuese un hombre. Para este caso debemos incorporar los valores de la tabla en una estrella de cinco puntas. En el centro colocaremos los números que armonizarán la energía.

|  | AC | P | Tú | Social |
|---|---|---|---|---|
|  | 8 | 16 | 6 | 22 |
| Adicionar | 7 | 7 | 7 | 7 |
| Adicionar | **8** | **8** | **8** | **8** |
| Resultado | 5 | 4 | 21 | 10 |

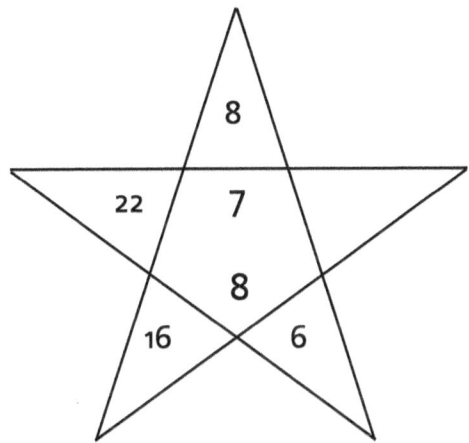

La vibración general del talismán nos da 67 y al reducirlo nos traerá consigo un 13, el número de las iniciativas y los cierres de ciclos. Dentro de la estrella cada número se estará adicionando energéticamente en el centro con el 7 de la columna del elemento Aire y con el 8 emergente de la columna de la Tierra. De esta forma se alcanzará la fila de los resultados que se encuentran en la tabla y se cambiará la vibración energética con la que se ha nacido.

Veamos ahora el segundo caso en el que puede usarse un transformador energético:

**2.** *Se pueden adicionar números a nuestra energía personal en periodos donde las vibraciones energéticas no son las mejores. Con ello lograremos neutralizar esa energía o convertirla en otra con* *mejores propiedades. Para esto es necesario concentrarnos en la Vibración predominante del periodo AA+E.*

Continuemos con el ejemplo y así sabremos qué números rigen en una fecha especial para este individuo.

Queremos analizar cuál ha de ser la vibración para esta persona nacida el 16 de junio de 1984 en el año 2010 para el periodo que está antes de su cumpleaños.

A continuación presento la tabla con los cálculos realizados para nuestra consulta.

|  | AC | P | Tú | Social |
|---|---|---|---|---|
|  | 8 | 16 | 6 | 22 |
| Año | **2010** | **2010** | **2010** | **2010** |
| Suma | 2018 | 2026 | 2016 | 2032 |
| Energía Actual | 2+1+8= 11 | 10 | 9 | 7 |
| Edad | **25** | **25** | **25** | **25** |
| AA+E | 9 | 8 | 7 | 5 |

En esta tabla notamos que en el número personal existe un 8. Esto trae algo de madurez dentro de sí mismo, pero también un poco de encierros y de aprisionamientos personales. Si deseáramos alterar esta energía y convertirla en una vibración más armónica, es necesario construir un neutralizador energético.

Para el caso debemos utilizar un símbolo. En este sentido es necesario saber si se trata de una mujer o de un hombre. Haremos dos talismanes para ambos casos, el masculino y el femenino.

Es importante incorporar en el neutralizador el número de vibración que acompaña desde el nacimiento, en este caso el 16 en el Personal, porque esta es la esencia que queremos transformar proyectada en el tiempo.

Tomo el número del Personal que vibra desde el nacimiento adicionado al de la época en estudio y los coloco en el centro del símbolo. Luego le adiciono en la punta superior un número que armonice ese conjunto vibratorio y lo cambie energéticamente, utilizando para ello algún valor de la tabla del elemento Aire. Si tomamos el # 3 tendremos 16+8+3=27= 9, número que invita a la energía espiritual.

Con el # 7: 16+8+7=31= 4 que es bueno porque trae estabilidad.

Con el 11 tenemos: 16+8+11= 35= 8 que no nos sirve.

Con el 15: 16+8+15=39=12 número del sacrificio.

Con el 19: 16+8+19= 43= 7 número de los triunfos.

A criterio propio puede seleccionarse el resultado más adecuado. Yo he decidido alcanzar la vibración del 7 mediante el arreglo que haré con el 19 de la columna del elemento Aire.

A continuación vemos ambos talismanes, masculino y femenino:

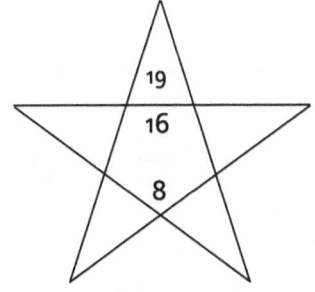 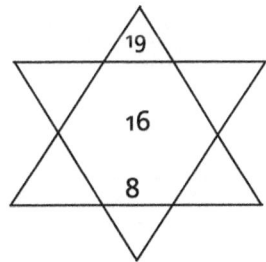

Ahora pasemos al tercer caso:

*3. Si la vibración de un mes o un día en particular no es acorde con el propósito que se espera del tal fecha, es posible cambiar esa energía utilizando los números de la o las columnas favorables a la vibración del ser. Para este caso buscamos que en la suma general se armonicen los números con la intención o el propósito que se desea. El requisito es conocer la vibración del mes o del día en particular.*

Este caso es importante para cuando se tiene un evento crucial en la vida y los números que vibran para tal día no son adecuados. Entonces una ayuda angelical podría ser la solución para tal caso. Siempre será importante revisar que tal arreglo numérico no comprometa energéticamente a los valores AA y AA+E, es decir, que no los convierta en números como 8, 12, 14, 15, 16 y 18.

Continuemos con el ejemplo de la persona nacida el 16 de junio de 1984.

Inventémonos algo. Resulta que lo han invitado a conocer a los suegros el día 8 de febrero de 2010.

Nuestro personaje quiso hacer sus números para este día y se encontró con los siguientes resultados:

|  | AC | P | Tú | Social |
|---|---|---|---|---|
|  | 8 | 16 | 6 | 22 |
| Año | **2010** | **2010** | **2010** | **2010** |
| Suma | 2018 | 2026 | 2016 | 2032 |
| Energía Actual | 2+1+8= 11 | 10 | 9 | 7 |
| Edad | **25** | **25** | **25** | **25** |
| AA+E | 9 | 8 | 7 | 5 |
| Mes | **2** | **2** | **2** | **2** |
| Resultado | 11 | 10 | 9 | 7 |
| Día | **8** | **8** | **8** | **8** |
| Resultado | 19 | 18 | 17 | 15 |

El resultado pareciera satisfactorio, pero al analizar los números del ***Personal*** y el ***Social*** encontramos dos vibraciones inarmónicas. La primera creará confusión y duda interna, la segunda hará que no caiga bien en cuanto se encuentre en reunión con varias personas.

El siguiente paso es crear un ángel específico para ese día. Luego de utilizarlo, lo correcto es proceder a quemarlo esa misma noche.

Aquí tenemos dos números por armonizar: uno en el **Personal** y otro en el **Social**. Esto nos exige crear dos talismanes, uno para cada vibración. Lo mejor en este caso es elaborar uno en una cara y otro en la cara inversa de la hoja. La cara que se coloca hacia la piel es la que lleva los arreglos del número Personal, la cara que da hacia afuera es la del arreglo del número Social. Esto es importante considerarlo al momento de colocarse el ángel energético. Otro detalle importante que se debe considerar a la hora de hacer los talismanes es el material con el que se van a confeccionar. Lo ideal es utilizar un pedacito de cuero blanco secado y cargado al Sol el día de la Luna nueva.

La mejor tinta que se puede utilizar es la color naranja, también puede ser dorada o azul. La tinta roja y la negra no son recomendables.

Ahora procederé a confeccionar el primero de los talismanes para armonizar la visita donde los suegros.

Allí colocaré la vibración natural del número **Personal** de nacimiento (16), luego el número con el que vibra en ese día (18). Finalmente pondremos el número armonizador (39) extraído de la columna del elemento afín, en este caso de la columna del Aire. Nótese que hubo de ser necesario subir hasta esta cifra ya que los números 3-7-11-15-19-23-27-31 y 35 afectan negativamente los resultados de las filas AA y AA+E.

16+18+39 = 73 = 10. Esto le hará sentir en su interior la necesidad de crear cambios sustanciales a su energía de modo que pueda arribar con éxito todas las experiencias de ese día en particular. Veremos a continuación el ejemplo para ambos géneros.

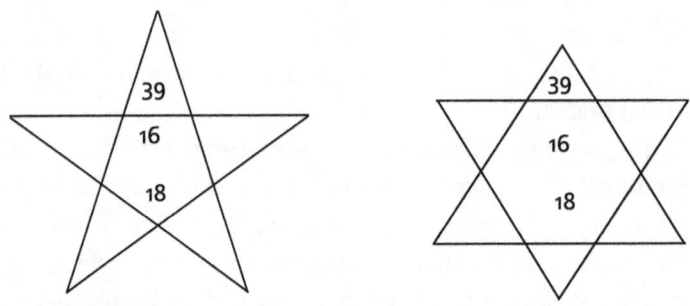

El segundo talismán, que servirá para armonizar el número *Social,* deberá realizarse en el reverso de la hoja o material utilizado para crear el primer talismán. Los arreglos numéricos serán los siguientes:

22, que es la vibración natural de su número Social de nacimiento.

15, que es la vibración del número Social proyectado en el tiempo para ese día específico.

3, que es el número de rescate que extraemos de la tabla de los elementos y que corresponde a la columna del elemento Aire.

22+15+ 27 = 64 = 10

Con ese 10 sus suegros lo verán como alguien divertido, con una energía que lo hace vibrar hacia varias direcciones, lo considerarán con facilidad una persona versátil y capaz de afrontar los cambios de la vida, seguro de sí mismo, estable y coherente.

A continuación el talismán para ambos géneros:

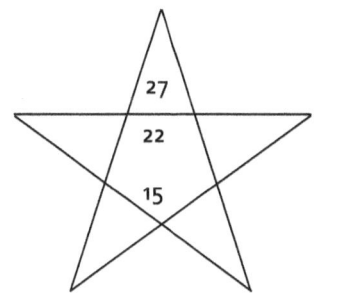 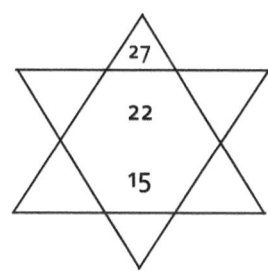

Es importante proteger el talismán con algún material, quizá el plástico transparente adhesivo, ya que tiene un arreglo mágico dibujado por el derecho y otro por el revés. Solo queda colocarlo en el plexo solar o en el pecho y llevarlo consigo ese día. No debemos olvidar que el arreglo para el número *Personal* deberá quedar mirando hacia la piel y el del *Social* hacia afuera.

El cuarto talismán servirá para armonizar las relaciones con otro ser.

4. *Cuando la relación numérica con otro ser no es la más adecuada, entonces se puede componer un talismán que permita un cambio energético en la vibración personal constituyendo una mejor energía vibratoria entre ambos. Muy útil para matrimonios inarmónicos, ambientes laborales, relaciones entre socios y muchas otras posibilidades.*

Para el caso necesitaremos únicamente las vibraciones personales que acompañaron el día del nacimiento a cada una de las personas involucradas. Estos datos los tenemos en la tabla de la numerología descriptiva.

Supongamos el caso de una pareja que inicia una relación sentimental. Él nace el día 8 de abril de 1990 y ella, el 6 de agosto de 1994.

La tabla para él será la siguiente:

| AC | P | Tú | Social |
|----|---|----|----|
| 4  | 8 | 4  | 19 |

Y para ella será:

| AC | P | Tú | Social |
|----|---|----|--------|
| 10 | 6 | 8  | 5      |

Cada uno de ellos posee buenos números, tanto en el AC como en el Social. El número Personal de él lo presenta como una persona encerrada dentro de sí mismo. El de ella la hace sentirse dudosa y vacilante. En el Tú, ella es muy guardada dentro de sí y él se muestra muy seguro cuando trata con alguien más.

Cuando se acercan el uno al otro las vibraciones de cada cual se entrelazan formando una suma de energías en cada uno de los campos vibratorios. Para conocer esto es necesario sumar ambas tablas y encontrar la energía resultante. Veamos:

|       | AC | P  | Tú | Social |
|-------|----|----|----|--------|
| Él    | 4  | 8  | 4  | 19     |
| Ella  | 10 | 6  | 8  | 6      |
| Ambos | 14 | 14 | 12 | 7      |

La vibración conjunta hace que cuando se encuentran uno en compañía del otro se genere un 14, tanto en la máxima vibración que es el *AC* como en el *Personal*. Esos números causan algo de estrés y poco ánimo para encaminarse hacia algún objetivo. Aquí vemos el efecto del justo uso, como si cada cual aportara lo mínimo y lo justo en esta relación.

El 12 hace que cuando se comunican el uno con el otro lo hagan con algo de reserva, casi sintiendo que no le va a simpatizar mucho lo que el otro exprese. Es solamente en lo *Social* donde las demás personas los ven como una parejita con futuro y que se llevan muy bien. De hecho cuando se relacionan con otras personas entre ellos vibra la armonía y el deseo de alcanzar buenos momentos.

Para encontrar una energía armónica entre estos dos seres se hace necesario construir un neutralizador energético que cambie la vibración cuando ambos estén juntos. El de él debe ser construido en una estrella de cinco puntas y el de ella, en una de seis.

Será difícil encontrar este número amparado en las columnas numéricas de los elementos. Esto debido a que entre ambas personas hay diferencias respecto a qué elementos se encuentran más potenciados en uno y en otro. Además tendremos el problema de que no todos los números se combinan bien. La búsqueda fue minuciosa. Hice una inspección de los 22 arcanos hasta llegar a uno que armonizara con la energía resultante de la pareja.

Encontré que el 13 es un número que complace nuestra búsqueda. Ese número pertenece a la columna del Fuego, lo que indica que tendrá mejores efectos en aquel que tenga más potencialidades planetarias en dicho elemento.

Veamos cómo queda la tabla:

|  | AC | P | Tú | Social |
|---|---|---|---|---|
| El | 4 | 8 | 4 | 19 |
| Ella | 10 | 6 | 8 | 6 |
| Ambos | 14 | 14 | 12 | 7 |
| Adicionamos | <u>13</u> | <u>13</u> | <u>13</u> | <u>13</u> |
| Resultado | 14+13=9 | 9 | 7 | 20 |

Estas nuevas energías les permitirán una mejor comunicación en el Tú y una actitud benevolente tanto en el Personal como en el AC. En lo Social tendrán sueños y aspiraciones que pueden ser cobijadas por los demás.

El modo de realizar el talismán es importante. Primero debemos considerar todas las energías natalicias de él dentro de la estrella de cinco puntas y las de ella dentro de la de seis. El número aditivo (13) lo colocaremos en el centro, de modo que cree una vibración especial para el arreglo de cada uno.

Para que este ángel vibratorio funcione en pareja es necesario hacer dos talismanes iguales de modo que cada uno tenga dos caras. Cada miembro de la pareja debe portar uno. El hombre debe colocar la estrella de cinco puntas hacia afuera y la de seis tocando su piel. La mujer al contrario, la de seis hacia el público y la de cinco hacia dentro. El talismán debe colocarse en la zona del corazón y de tal modo se armonizarán las energías. No deben olvidarse los cuidados para con estos ángeles. Retirarlos para actos sexuales y durante el periodo menstrual de la fémina.

## Las vibraciones del entorno

Para finalizar nos resta hacer un análisis relacionado con las cosas que se encuentran a nuestro alrededor y que emanan una vibración numérica.

La placa del automóvil, el número de la casa, la dirección de nuestro domicilio, el número de la cédula, la licencia de conducir, el número del teléfono y más. Todas estas son cosas que reciben continuamente la energía mental humana y por esto se cargan de una egrégora energética impresa por el pensamiento racional del ser.

Como cada cosa que vibra con un número posee una característica energética, es necesario conocer esa vibración para determinar el grado de armonía que posee y cómo afecta la nuestra.

Por ejemplo, la placa de un auto que sume 16 presenta una continua invitación al accidente o a la reparación.

Si el número del teléfono de una tienda de ventas tiene por resultado un 8, esta vibración no lo ayudará a ponerse en contacto con sus clientes.

Si el número de una casa es un 12, siempre exigirá atención a causa de continuos deterioros.

Todos estos casos se resuelven adicionando un valor energético a cada situación.

Para continuar con los ejemplos, al auto que suma 16 se le puede adicionar un 3 para que mejore su condición energética. El número 19 tiene una vibración muy favorable, sin embargo habría que estudiar con detenimiento cuál sería el efecto de la nueva numeración en las distintas vibraciones del conductor. Supongamos que quien lo conduce nació el 20 de marzo de 1990.

|  | AC | P | Tú | Social |
|---|---|---|---|---|
|  | 6 | 20 | 3 | 19 |
| # Auto | 19 | 19 | 19 | 19 |
| Resultado | 7 | 12 | 22 | 11 |

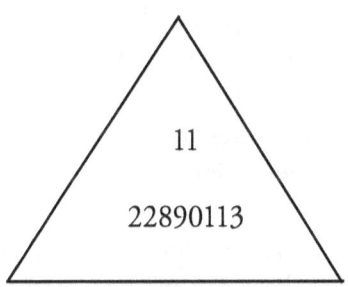

La energía resultante del AC es magnífica, pero el número del Personal indica que el conductor se verá esclavo de su auto por una razón u otra debido a la acción de ese 12 que implica sacrificios.

Entonces debemos modificar la suma de esa placa. Para el caso se deben tomar uno a uno los 22 arcanos y analizar cuál de ellos presenta una buena vibración que complazca todas las energías. En este caso tuve que llegar hasta el número 17.

Ahora, para que una placa que suma 16 alcance una vibración de 17 solamente debemos sumarle el número 1.
Al sumar ese 1 a los números del conductor tenemos:

|  | AC | P | Tú | Social |
|---|---|---|---|---|
|  | 6 | 20 | 3 | 19 |
| # Auto+1 | 17 | 17 | 17 | 17 |
| Resultado | 5 | 10 | 20 | 9 |

Estos números son armónicos, sin embargo ese 10 en el Personal invitará continuamente al conductor a sentir que debe cambiar o renovar su auto por algo más nuevo.

Pero surge una duda, ¿cómo colocarle a una placa del estado un número sin incurrir en un delito de alteración de administración pública?

Todos sabemos que no le podemos pintar ese 1 a la placa. Aquí es necesario ser recursivos y para el caso podemos apoyarnos en la numerología maya.

El uno en maya es un punto. Este no tendrá problemas con las autoridades. Sin embargo se hace necesario visualizar continuamente la placa para darle el valor del propósito. De esta manera adquirirá la egrégora mental que se requiere para que emane una nueva vibración etérea.

Otra forma de hacer esto es participar a la naturaleza elemental. La miel de abeja o un diente de ajo nos pueden servir de tinta para realizar este número mágico armonizador incluso con un número arábigo. El defecto de esto es que con la lluvia se borrará. Sin embargo es muy efectivo en casas, locales y más.

Para no repetir lo que naturalmente se puede deducir mediante la lógica, diré que este procedimiento es aplicable a todos los ejemplos antes descritos: el número de la casa, la cédula, el número de teléfono y más.

En el caso de números telefónicos inarmónicos es bueno realizar lo siguiente:

Se escriben en una cartulina o un pedazo de cuero las cifras de la línea telefónica en la base de un triángulo y en el vértice opuesto, el número armonizador. Luego se colocará el talismán encima o contiguo al aparato telefónico de modo que adquiera vibración etérea.

Veamos el ejemplo:

# de teléfono: 2289 01 13=26= **8**

Para convertirlo en un número con mayor presencia social es necesario subirlo a un 19, para el caso adicionaremos un 11.

Esta es la figura:

Este mismo ejemplo aplica para números de documentos como cédulas, cédulas jurídicas, números de registro mercantil y otros.

Aquí termina mi exposición, espero que esta obra sea de gran ayuda en su camino espiritual. Deseo que le sirva en el proceso de la vida coordinando sus energías personales y le permita a la vez ayudar a otros a vivir mejor.

# Apéndice

# Interpretación mántica de todos los arcanos

## Interpretación mántica del número 0

El número 0 o 22 nos trae consigo la energía de Urano, el independiente, el que vive el aquí y el ahora. Relaciona al libre, al investigador, al aventurero, al viajero con libertad y sin rumbo definido, al divagante, al aislado y poco comprometido. En cierto modo inspira la irresponsabilidad. También interpreta al explorador y las exploraciones, la investigación científica, la búsqueda de información y la invención. El número 22 guarda una estrecha relación con su número raíz el 4 y se relaciona además con el número 13.

Los viajes inesperados como también los largos viajes son interpretados dentro de la energía de este número. Una combinación del 22 con el número nueve ratifica aún más este asunto.

Como resultado de una consulta hace alusión a la toma de decisiones no meditadas, emergencias, soluciones inmediatas y asuntos inesperados.

## Interpretación mántica del número uno

El número uno tiene una estrecha relación con el arcano uno del Tarot, el poder del mago.

La fortaleza y la iniciativa son principios activos consecuentes con este valor numérico. Es un número masculino.

Siempre que se trate del uno se tendrán inicios, nuevos comienzos, iniciativas, empresas de poder, fortaleza, destino favorable, iluminación, intuición, confianza en sí mismo y en lo que se emprenda, ayuda, servicio y bienestar. También se involucra con jefaturas, mando y acción.

Señala individuos con poder, determinación, acción y valentía. Es propio de personas que creen en su ser interno sin vacilaciones.

Presenta relación directa con el número 10 y el número 19, por lo cual los regidos por estos últimos números presentan cierta conexión con el 1.

El número uno es propio de profesiones de mando y servicio: militares, empresarios, jefes, supervisores y afines.

## Interpretación mántica del número dos

Es el número de la dualidad, la comparación, la divergencia y la dispersión.

Es el número de la observación y el análisis. Se relaciona también con la fertilidad, aun cuando el número de la concepción sea el tres.

Representa siempre fuerzas femeninas, mujeres en acción.

Al representar una glándula tan laboriosa este número posee una relación estrecha con la producción, la elaboración y la obtención de bienes. Siempre está en concordancia con la siembra y la producción.

Los nativos número dos normalmente presentan las características anteriores, son buenos observadores y críticos, además buscan comparar todo para saber si tienen lo justo, también pueden ser algo calculadores. Sirven a bien en las finanzas e ingenierías como en métodos de producción.

También es un número maternal, relaciona la energía de una madre protectora y responsable.

Presentan afinidad a estas condiciones los nativos de los arcanos 11 y 20 dado que su número raíz es el 2.

Interpretación mántica del número tres

Este número es el de la concepción y todo cuanto se concibe recibe de este número su poder, relacionando desde ideas hasta embarazos.

Es el número de los creativos, los idealistas, los comerciantes, estudiosos, pensadores, intelectuales e investigadores. Además calza aquí tanto el vendedor como el divagador.

Este número relaciona a los viajeros y los viajes de corta duración o cercanos.

Es el número de las influencias y las relaciones públicas, esto se debe a la regencia por Mercurio.

Analizando desde la astrología la importancia de este astro, me permito explicar que este planeta tiene una marcada influencia sobre nuestro sistema nervioso. Si comparamos las influencias de este número con la forma en que trabaja un nervio, encontraremos muchas asociaciones importantes. Esta condición llevó al dios Mercurio a convertirse en el mensajero de los dioses, como ciertamente nuestro sistema nervioso es nuestro gran mensajero.

Sintetizando diría que es el número de las ideas, pensamientos, concepciones, embarazos, amistades, comunicación, mensajes, chismes, relaciones sociales, comercio, estudio y viajes cortos o rápidos.

## Interpretación mántica del número cuatro

Es claro entender que este número trata acerca de una reunión de fuerzas, por tanto relaciona las uniones, la congregación de energías, la seguridad, la concreción, la firmeza y la estabilidad.

El cuatro relaciona también tratos con la materia. Nos habla de cosas que se obtienen a través del logro, la búsqueda de la estabilidad y la seguridad material, la comunicación con la naturaleza y el orden por establecerse.

Los nativos de este número (incluyéndome), presentan a lo largo de su vida una necesidad continua de establecerse en las distintas áreas y de organizar su propio mundo. Son ahorrativos y en ocasiones muy resguardados dentro de sí mismos. Aun cuando no sean el centro de su círculo social, son pieza fundamental para ello. Se motivan hacia los principios de los cuatro elementos.

Se inclinan por profesiones relacionadas con la naturaleza, la cual es su principal fascinación. Es común verlos en áreas como: física, matemática, mecánica, botánica, química, entre otras. Todo lo que represente concreción, naturaleza y forma.

El nativo de este número en todo momento busca seguridad, confianza y estabilidad. En algunos casos puede tornarse un poco introspectivo; en otros, algo materialista y quizá egoísta debido a su prisa por conservar las cosas materiales.

## Interpretación mántica del número cinco

Este número representa al orientador, al guía, aquel que sabe dar consejo, que sabe dirigir. Es el número de los dirigentes, de los organizadores, también de los casamenteros, aquellos que andan relacionando a unos con otros.

Los nativos del cinco son buenos conversadores.

Propios de este número son los relacionistas, comerciantes, vendedores, profesores, sacerdotes, psicólogos, orientadores o simples consejeros.

Se aconseja prudencia a los nativos de este número, ya que a menudo pueden verse involucrados en comentarios o malas interpretaciones.

Como resultado de algún cálculo este número avisa de situaciones que se ordenarán del mejor modo, de procesos que necesitan un norte o que ya lo tienen. También nos indica un buen camino, un buen sendero, la buena disposición, un discurso, un consejo, una inversión inteligente, una opinión importante, un curso de aprendizaje, una charla nutritiva, un enlace con personas influyentes. La buena voluntad y la buena disposición son naturales de este número.

El número cinco determina buen camino a todo aquello que se consulta.

## INTERPRETACIÓN MÁNTICA DEL NÚMERO SEIS

Este es el número de los amores, los romances, las relaciones sexuales, la ambivalencia, la indecisión, la inseguridad y la duda.

Los nativos de este número de algún modo pasan por experiencias múltiples en el área sentimental, también son inestables, algo inseguros sobre si han tomado o no la ruta correcta. En ocasiones al caminar por un sendero piensan que debieron haber tenido más éxito en el otro, lo que disminuye para ellos el poder mental de la concentración que requiere un objetivo. Asimismo se debilitan las fortalezas de la realización y de la concreción.

Este número también invita a los enredos, las dudas y la confusión. Si este número aparece como resultado de una consulta se debe aconsejar firmeza sobre una situación que pueda parecer ambigua.

## Interpretación mántica del número siete

Este número refleja al exitoso, al conquistador de metas, al que alcanza sus logros y los propósitos que busca.

Es el número de la realización y optimización de los procesos, de la producción, de la vía perfecta: es el número de los buenos resultados.

Las personas regidas por este número normalmente alcanzan sus metas tras el merecido esfuerzo, además de que normalmente llevan la convicción de que lo lograrán. Es propio de empresarios, políticos y personas de buena convicción.

Como resultado de una consulta a través de un cálculo este número relaciona resultados positivos tras el proceso, éxito en aquello que se pregunta y viabilidad en todo lo que se emprende. Es el número de lo perfecto.

## Interpretación mántica del número ocho

Este número versa acerca de encierros, obstáculos, esperas, paciencia, concentración, orden para iniciar algún proyecto, tiempo de estancia, espacio para reflexionar, revisar y analizar. También nos habla acerca de cárceles, estrés, aprisionamiento y obstrucción.

Los nativos de este número normalmente son metódicos, pacientes, se hallan a la espera de las situaciones sin mediar mucho por ellas. En ocasiones hasta ellos mismos son el obstáculo a sus realizaciones al imponer el esquema y el método. También son buenos trabajadores, muy responsables y poco invitados al cambio, además son perseverantes y constantes aun en sus ideas, por lo que pueden tornarse a veces algo necios y tercos.

## Interpretación mántica del número nueve

Como vimos, este número trata acerca de viajes, relaciona a los viajeros, las altas aspiraciones, las filosofías, los conocimientos, al sabio, al intelectual y a todo aquel que posea virtudes para una inteligencia abierta.

Los idealistas y las grandes ideas también calzan dentro de este número. Los espiritualistas entran además en este género.

Es el número de las realizaciones espirituales, de los altos estudios: universitarios, especializaciones, filosóficos, religiosos y científicos.

Cuando tenemos este número por resultado de algún cálculo, se interpreta que es posible realizar un viaje lejano, mas los resultados los puede describir otro número. También puede indicar el inicio de estudios superiores ya sea universitarios, post-universitarios o filosóficos.

Las características del nueve están astrológicamente muy ligadas a la energía de Júpiter: amabilidad, sabiduría, andanza, viajes, filosofías, generosidad y servilismo. Por su búsqueda de la liberación se encuentra además ligado a la energía de Urano.

Tratemos un poco acerca del 7 y el 9 para comprender algo más a profundidad.

El 7 es el número que prodiga éxitos en el mundo de la materia, el 9 en el mundo del espíritu. Ambos mundos son contrapuestos. La materia siempre está en pro de materializar la Luz de Dios, la Luz de Dios siempre está en pro de liberarse de la materia. Esto aun cuando ambos comparten el mismo universo.

Esta es la causa por la cual en muchas ocasiones la búsqueda de la realización se encuentra colmada de limitaciones en este plano material.

En el reino de Dios el dinero y la buena posición económica no significan nada. Allí el 7 no tiene el significado que para este mundo posee. Jesús nos mostró esto una y otra vez consigo mismo, es el mejor ejemplo. Resulta irónico que a su nombre se le haya levantado todo un imperio comercial.

No significa esto que quien busque su realización esté condenado a la pobreza. Sin embargo, el verdadero caminante sabe que en algún momento de su camino esta será una prueba en su sendero.

Por ende el número nueve, que es el de la riqueza espiritual, hace en ocasiones individuos con muchas limitaciones. Normalmente este número en resultados también trata acerca de gastos, salidas de dinero o egresos, también pérdidas económicas.

Las personas número nueve son por lo general buscadoras de una realización personal y espiritual, son andariegos, medio gitanos, muy estudiosos o por lo menos presentan el deseo de saber. Son personas amenas como también generosas, respetuosas y atentas.

## Interpretación mántica del número diez

Este es el número de los cambios, de las variaciones y de las transformaciones provechosas.

Este número relaciona personas cambiantes, indecisas y nada monótonas, con grandes necesidades de experiencias que las conduzcan por caminos de aventura, de nuevas rutas, cual Colón en búsqueda de otras tierras.

Caracteriza prototipos de personas poco sedentarias, más bien algo nómadas, con deseos de experimentar y buscar nuevos caminos que las lleven al despertar y al éxito. Son, en síntesis, de naturaleza cambiante.

En una interpretación esto augura cambios radicales que luego tendrán buenos cimientos. También trata acerca de separaciones, divorcios, giros del destino, cambios de ciudad, casa, empleo, incluso hasta de amor.

Este número guarda una estrecha relación con su número raíz el 1, pues 10, 1+0= 1. Por esta causa las cosas que vibren con este número 10 son afines al número 1.

No existen personas con arcano uno, pues hubieron de haber nacido mucho antes del año 1000.

Las personas con arcano 10 tienen por raíz al uno y en consecuencia vibran con las características de ambos números: el 10 y el 1.

## Interpretación mántica del número once

Representa a una mujer influyente, poderosa y versátil. Indica poder por medio del diálogo y la sutileza, nunca por la guerra. Es el fin de confrontaciones y situaciones hostiles para abrir paso al diálogo y la paz. Trata acerca de todo aquello que se alcanza con perseverancia en el mayor estado de prudencia y silencio.

Este número es propio de personas que alcanzan sus logros de modo discreto, controlan cualquier situación con paciencia y a la espera de realizar sus logros, como la débil gota de agua que poco a poco labra un hoyo sobre la roca.

Este número otorga fuerza y poder a una mujer, pero es debilitante para un hombre. Si una mujer al nacer vibra con este arcano será una dama que alcanzará sus metas gracias a sus virtudes. Se hará influyente sobre el género masculino.

Si un hombre es poseedor de este número será víctima de la sutileza femenina, las mujeres alcanzarán siempre sus propósitos sobre él, aun cuando estos tengan dirección contraria a los suyos. El número 11 hace a un hombre pacífico, recatado y prudente.

## Interpretación mántica del número doce

El número doce se interpreta como el número de los sacrificios, de esforzarse sin esperar nada a cambio por el provecho de alguna circunstancia. Es el número de los colaboradores, los socorristas y los servidores.

Es muy común encontrar que los arcano 12 son personas permisivas y complacientes, quienes en ocasiones prefieren cargar el agua ajena por vergüenza a que otro se sienta comprometido.

Es un número de renunciación, invita a entregar lo propio para beneficio de otros.

Los que presentan este número en algún aspecto de su estudio numerológico[17] están comúnmente muy entregados a los demás, por lo que deben cuidarse de ser utilizados por los abusadores que astutamente saben comprometerlos.

Deben combatir el temor a decir "no" sin pecar en todos los casos de egoístas.

Como resultado de una consulta, el 12 se relaciona con situaciones que requieren esfuerzo continuo, dedicación y perseverancia. También nos indica que se va por la vida sin considerar la productividad propia por pensar en la productividad ajena.

## Interpretación mántica del número trece

Se interpreta como el inicio de nuevas empresas, comienzo de nuevos asuntos, muerte de antiguos conceptos, empresas o situaciones para nacer en un nuevo tiempo más provechoso.

También es el número que relaciona la muerte, no siempre significando de plano que la persona que consulte se va a morir,

---

[17] Esto se estudia en el capítulo que trata acerca del método numerológico.

todo depende del conjunto de números que lo acompañen (por ejemplo el 16 o el 18).

Un individuo regido por este número persiste en el anhelo de cambiar hábitos y renacer dentro de sus propios cimientos. Es alguien que cree en sí mismo y tiene la convicción de que las cosas se pueden forjar. Son personas algo determinantes y radicales, pues consideran que ante cualquier situación o se es frío o se es caliente. Son seres que cortan de raíz con lo que no es sano o se empeñan totalmente en alcanzar aquello que buscan.

## INTERPRETACIÓN MÁNTICA DEL NÚMERO CATORCE

Es el número de la justa medida, del ahorro, de la compensación y del justo uso, sin exageraciones ni limitaciones, lo justo y equilibrado, lo conductista, lo ordenado y proporcionado.

Como resultado de una consulta se dice que las cosas son equitativas, que se obra con orden y en justa medida, con exactitud y equilibrio. También habla de severidad y uso lógico, razón objetiva, sin contemplaciones ni tiranías.

Los nativos de este número son normalmente equitativos, ahorrativos y no exageran en sus acciones ni se desgastan en azares de la vida. Acostumbran ir hacia lo concreto y lo ordenado sin exigirle a la suerte más que la bienaventuranza en lo que se proponen. Son buenos árbitros en cualquier evento, jueces sin contemplación. Para ellos toma valor aquello de: "¡A Dios lo que es de Dios y al César lo que es del César!".

No es un número para pensar en derroche, sino para establecer la igualdad, la balanza y el equilibrio en todo sentido.

## Interpretación mántica del número quince

Este número está relacionado con la ira, los pleitos y todo sentimiento que vincule al ser humano con sus instintos primitivos: el placer, la pasión, el sexo, la envidia, la competencia y otros.

Todo aquello que agite nuestras emociones de forma instintiva está relacionado con este arcano.

En una interpretación numérica se entiende como problemas que pueden desencadenar en profundas contiendas, guerras o conflictos presentes o venideros. Si está cerca de algún número que relaciona el amor, por ejemplo el número seis, entonces se interpreta como momentos pasionales.

Los individuos regidos de algún modo por este número deben ser cautelosos ante su impulsividad, pues corren el riesgo de ser movidos más por el instinto que por la razón.

Los número 15 son por lo general ágiles y dinámicos, de soluciones prontas, de poca reflexión y escasa paciencia.

Los nativos del 15 tienen por raíz al número 6 (1+5=6), por lo que la pasión y el sexo se ligan a este número llevándolos a un sex-appeal prominente, como también a involucrarse aquí y allá en aventuras. Pueden llegar a ser prisioneros de sus instintos sexuales. Su número raíz 6 trae la indecisión a la vida de estos nativos.

Los influenciados por el número 15 deben controlar sus iras y sus instintos, porque de otro modo estas energías los controlarán. Es importante para ellos cultivar la tolerancia.

La meditación, los ejercicios respiratorios y el aire libre pueden desacelerar el ritmo incesante de los número quince. Para alejar represiones los deportes extremos o disciplinas como el judo o el karate son de mucha utilidad. La gimnasia les permite liberar energía extra.

## Interpretación mántica del número dieciséis

Este número narra acerca de caídas, fracasos, traumas, también del derrocamiento de imperios, de la caída de los grandes.

Para el nacido bajo esta energía indica que en su vida llegará a experimentar algunas situaciones necesarias para su alma en pro de trascender asuntos no solucionados en una existencia inmediatamente anterior. Puede significar también un simple ajuste del equilibrio kármico de la vida.

En una interpretación indica posibles obstáculos ante lo que se consulta, o caminos difíciles por transitar que requieren de la atención debida para evitar fracasos. En combinación con el quince advierte accidentes a causa de la imprudencia.

Este número tiene por raíz el 7, lo que expresa que no todo fracaso conduce a una derrota, pues a veces en los reveses de este número hay vías que conducen al éxito y al triunfo.

## Interpretación mántica del número diecisiete

Es el número de las esperanzas, los deseos por alcanzar logros, los anhelos y la fe.

Es propio de personas con un alto espíritu de paciencia y perseverancia, poseen una tenacidad pasiva que les permite alcanzar sus propósitos sin importar la espera en el tiempo. Son por lo general gente de fe.

En una interpretación determina espera tras un objetivo, tiempo prudente de observación y constancia, esperanza y búsqueda del propósito que se desea realizar, calma, paciencia y fe.

## Interpretación mántica del arcano diecioCHO

Se interpreta como el arcano de las confusiones, las dudas y lo misterioso, se relaciona además con los malos comentarios y las malas intenciones. Hechicerías y cizañas son parte de la interpretación en el mundo mental de este número.

En su aspecto positivo podemos hablar de una mujer sobreprotectora que en ocasiones, por su extrema prevención, no permite el libre desarrollo de otros.

La música, la inspiración, el arte, la poesía, el silencio y la contemplación son características naturales propias de los nativos de este arcano.

Las personas regidas por el número dieciocho, si bien presentan una tendencia a ser algo pesimistas y algo mezquinas, tienen el papel en la vida de tomar la experiencia como parte de su camino y abrir su mundo al optimismo. Tanta prevención puede ser perjudicial.

## Interpretación mántica del arcano dieciNUEVE

Se interpreta como matrimonios felices, sociedades armónicas, confianza, seguridad, armonía, luminosidad, brillantez y vida apacible.

A los nativos de este arcano normalmente la vida los conduce a uniones felices y armonía en su entorno, el matrimonio es ávido dentro de su mundo y a bien tratan de mantener buenas relaciones con sus congéneres.

Son normalmente personas que disfrutan del mundo que las rodea, contemplan la grandeza de las cosas creadas y se regocijan con sus metas y sus éxitos dando a todo un toque de armonía y satisfacción.

En lo interpretativo le imprime sentido ético a todo lo que se realiza, estética y coordinación a los proyectos, buena presentación y arte a todo aquello a lo que se consulta. También se interpreta como un matrimonio o una sociedad exitosa, un buen momento para compartir con otros en reuniones felices.

## Interpretación mántica del número veinte

Se conoce como el número de los sueños e ideales, también del optimismo y de la labor cumplida, de dar cuentas claras y justas, de llevar el rostro limpio y la sanidad en el ser.

Al realizar una consulta, el 20 se interpreta como juicios a favor del consultante. Esto es diferente al juicio del arcano ocho, donde la posición del consultante se encuentra en tela de duda.

Habla también acerca de trabajos bien elaborados y bien calificados por jefes y autoridades. También narra reencuentros con viejas glorias y situaciones gratas.

Los nativos de este número son por lo general personas con muchos ideales y que se complacen con sus éxitos. Son seres que anhelan con pasión lo que buscan. Poseen normalmente el positivismo para alcanzar sus metas y presentan un alto grado de confianza en sí mismos. Las personas que poseen este arcano suelen ser individuos muy críticos y tienen la manía de señalar a sus semejantes.

## Interpretación mántica del número veintiuno

Se conoce como el número de las sabias transformaciones, de los buenos procesos hasta llevar a cabo un ideal o un producto. Es el número de la realización personal, de los logros y metas ya culminadas, de los buenos resultados.

Los nativos de este número a lo largo de su vida normalmente llevan a cabo una transformación provechosa. Su infancia normalmente es áspera, pero poco a poco se va transformando, dejando de fondo un cúmulo de experiencias enriquecedoras para el ser.

Son individuos con una capacidad innata para crear metodologías que lleven al progreso. Esta energía los promueve a continuar positivamente con sus empresas y proyectos. Son personas que saben partir de cero y pueden visionar y accionar el proceso que los llevará al éxito.

## Interpretación mántica del número 0

El número 0 o 22 nos trae consigo la energía de Urano, el independiente, el que vive el aquí y el ahora. Relaciona al libre, al investigador, al aventurero, al viajero con libertad y sin rumbo definido, al divagante, al aislado y poco comprometido. En cierto modo inspira la irresponsabilidad. También interpreta al explorador y las exploraciones, la investigación científica, la búsqueda de información y la invención. El número 22 guarda una estrecha relación con su número raíz el 4 y se relaciona además con el número 13.

Los viajes inesperados como también los largos viajes son interpretados dentro de la energía de este número. Una combinación del 22 con el número nueve ratifica aún más este asunto.

Como resultado de una consulta hace alusión a la toma de decisiones no meditadas, emergencias, soluciones inmediatas y asuntos inesperados.

# ÍNDICE

I Parte - Procesos iniciáticos con los números  9
Introducción  9
Influencias de los números  17
Ciclos  23
Los números  31
Los números raíz  33
El número cero  33
El número uno  40
El número dos  52
El número tres  58
El número cuatro  68
El número cinco  73
El número seis  79
El número siete  86
El número ocho  92
El número nueve  96
El número diez  105

| | |
|---|---|
| Los números secundarios | 113 |
| El número once | 114 |
| El número doce | 118 |
| El número trece | 122 |
| El número catorce | 125 |
| El número quince | 129 |
| El número dieciséis | 134 |
| El número diecisiete | 137 |
| El número dieciocho | 140 |
| El número diecinueve | 142 |
| El número veinte | 145 |
| El número veintiuno | 147 |
| El número veintidós o cero | 148 |
| Relaciones numerológicas | 151 |
| II Parte - El método numerológico | 161 |
| Introducción | 161 |
| El método | 164 |
| 1. Predictivo | 164 |
| 2. Descriptivo | 184 |
| Los números especiales | 211 |
| La polaridad de los números | 224 |
| Creación de talismanes a partir de los números | 233 |
| Las vibraciones del entorno | 252 |

| | |
|---|---|
| Apéndice | 257 |
| Interpretación mántica de todos los arcanos | 259 |
| Interpretación mántica del número 0 | 259 |
| Interpretación mántica del número uno | 259 |
| Interpretación mántica del número dos | 260 |
| Interpretación mántica del número tres | 261 |
| Interpretación mántica del número cuatro | 262 |
| Interpretación mántica del número cinco | 262 |
| Interpretación mántica del número seis | 263 |
| Interpretación mántica del número siete | 264 |
| Interpretación mántica del número ocho | 264 |
| Interpretación mántica del número nueve | 265 |
| Interpretación mántica del número diez | 266 |
| Interpretación mántica del número once | 267 |
| Interpretación mántica del número doce | 268 |
| Interpretación mántica del número trece | 268 |
| Interpretación mántica del número catorce | 269 |
| Interpretación mántica del número quince | 270 |
| Interpretación mántica del número dieciséis | 271 |
| Interpretación mántica del número diecisiete | 271 |
| Interpretación mántica del arcano dieciocho | 272 |
| Interpretación mántica del arcano diecinueve | 272 |
| Interpretación mántica del número veinte | 273 |
| Interpretación mántica del número veintiuno | 273 |
| Interpretación mántica del número 0 | 274 |

# Editorial LibrosEnRed

LibrosEnRed es la Editorial Digital más completa en idioma español. Desde junio de 2000 trabajamos en la edición y venta de libros digitales e impresos bajo demanda.

Nuestra misión es facilitar a todos los autores la **edición** de sus obras y ofrecer a los lectores acceso rápido y económico a libros de todo tipo.

Editamos novelas, cuentos, poesías, tesis, investigaciones, manuales, monografías y toda variedad de contenidos. Brindamos la posibilidad de **comercializar** las obras desde Internet para millones de potenciales lectores. De este modo, intentamos fortalecer la difusión de los autores que escriben en español.

Nuestro sistema de atribución de regalías permite que los autores **obtengan una ganancia 300% o 400% mayor** a la que reciben en el circuito tradicional.

Ingrese a www.librosenred.com y conozca nuestro catálogo, compuesto por cientos de títulos clásicos y de autores contemporáneos.

www.ingramcontent.com/pod-product-compliance
Lightning Source LLC
Chambersburg PA
CBHW020122240426
43673CB00038B/559